0・1
歳児クラス編

触れて感じて人とかかわる

思いをつなぐ 保育の環境構成

宮里暁美 ● 編著　　文京区立お茶の水女子大学こども園 ● 著

中央法規

はじめに

　0歳や1歳の子どもたちが居心地よさそうに過ごしている場所には、幸せな感じが漂っているように感じます。「居心地のよさ」と「幸せな感じ」、どちらが先かはわからないけれど、確かにそこにある特別なうれしさです。

　2016年4月の開園以来、子どもたちが居心地よく過ごす場所になれるようにと願って、保育の日々を紡いできました。その記録を、3冊の本にまとめました。0・1歳、2・3歳、4・5歳という隣り合わせの年齢でまとめています。0〜2歳、3〜5歳という括りではなく、隣り合う年齢の子どもたちで括る視点に新しさがあります。つながるものと、ひろがっていくものが見えるように思います。

　第1章では、その年齢の子どもたちの特性や環境のあり方についてまとめました。第2章・第3章は、本園の実践事例です。環境に焦点を当て、写真を多く使い保育の様子をまとめています。身近な環境を見直したり手を加えたりするヒントも提案しています。

　第4章は、豊かな実践を行っている園の事例を掲載しています。いろいろな地域の実践ですが、共通しているのは、子どもを中心に置きながら環境を工夫し改善する姿勢です。事例に対するコメントも併せてお読みください。

　第5章は、Ｑ＆Ａ。保育環境についてのさまざまな悩みを紹介しています。悩むということは、子どものために心を砕いているという状態です。そこからすべてが始まります。「ある　ある！」と悩みに共感しつつ、回答を一緒に考えていただけたら、と願います。

　第6章は、評価のポイント。環境を工夫・改善し、実践をしていく際の重要な視点です。実際に各園で行っていただけるようワークシートもついています。ぜひご活用ください。

子どもたちと保育者とおもちゃや椅子、差し込む光や流れる風、遠くに聞こえる車の音や鳥の声が相まって、「今、この時」が生まれます。そのようにして生まれ続ける「今、この時」を、いくつかのキーワードで切り取ってまとめてみたら、明日の保育の参考になるかもしれない。どこかにいる誰かが、活用してくれるかもしれない。そうだったらいいな！と願って作り始めた本です。あなたの保育の今日そして明日！に生かしていただけたら、とてもうれしいです！

　子どもたちと応答し作り上げていく豊かな保育が日本中に広がっていきますように、という願いを込めて。

宮里暁美

CONTENTS

第3章 1歳児の遊びと生活

0・1歳児の保育の基本

乳児期は、視覚、聴覚などの感覚や、座る、はう、歩くなどの運動機能が著しく発達し、特定の大人との応答的なかかわりを通じて、情緒的な絆が形成されていきます。このような発達の特徴を踏まえて、0・1歳児の保育は、愛情豊かに応答的に行われることが特に必要です。

子どもにとっても保護者にとっても、初めての園生活の始まりです。大切にしたいこと、環境や援助のあり方をまとめました。

1　0・1歳児の保育で大切にしたいこと

1　保育者の笑顔が「安心」を連れてくる

　小さな子どもたちが過ごす園の保育室。そこで大切にしたいことは、何といっても「安心・安全」です。遊んだり、食べたり、眠ったりする場所が安全な場所であること、それによって得られる安心はかけがえのないものです。小さな命を預かるという大きな役割を担う保育者も、「この場ならば大丈夫。安全！」という自信がなければ、安心して子どもたちを保育することはできないでしょう。

　「安心・安全」を保つために、園も保育者も多くのことに心を配ります。遊具は清潔が保たれ破損部分はないか、子どもたちの多様な動きを想定して危険箇所はないかなど、確認すべき大切なポイントはいくつもあります。このように確実に確認し安全を保つことはもちろん大切ですが、それだけでは、「安心」はやってこないように思います。

保育者の笑顔は子どもにも伝わります。

　安全で安心な環境を整えた上で欠かせない大切なエッセンス、うれしい保育空間になくてはならないもの。それが保育者の笑顔です。

　「おはよう！」と迎え、「今日も楽しく遊ぼうね」とにっこり笑いかける。穏やかでやさしく温かな笑顔があって、安心な環境が出来上がります。笑顔は、人から人へ伝わっていきます。初めての園生活に緊張気味で硬い表情だった保護者も、保育者が笑顔で声をかけるうちに、緊張が解けていきます。保護者の緊張が解けると、子どもたちもリラックスしていきます。うれしい波長が伝播していくのです。

　本園も、最初からそのような状態ではありませんでした。2016（平成28）年4月、開園当初の園内には「今日を無事に終えられるだろうか」という不安と緊張がみなぎっていました。それが1か月ほど経ち「大丈夫、やっていける！」と思った頃に、笑い合う余裕が出てきたように思います。

そして今、余裕があってもなくても、まずは笑顔でいることが大切だと思うようになりました。皆さんはどうですか？まず「笑う」。そこから始めることに目を向けてみることをお勧めします。

② 子どもはみんな違う。みんなOK！

玄関を入った時から大きな声で泣いている子どもがいます。そばにいるお父さんは汗びっしょりです。園内中に響く声を聞きながら「Aちゃん登場！」と、保育者は出迎える気持ち満々になります。

数人の子どもたちがのんびり過ごしていた保育室に少しだけ緊張が走りますが、泣いているAちゃんに気づいて、おもちゃを持ってくる子どもが出てきたりします。歩き始めたばかりの1歳児クラスの出来事です。泣いている子どもを、小さな子どもたちが気にかけながら過ごしている。素敵なことだなと思わされます。

子どもは一人ひとりみんな違っています。ミルクの飲み方、寝つき方など、一人ひとり違います。ですから、小さな子どもの保育では、一人ひとりの癖や好みを理解すること、それを大切に受け止め寄り添っていくことが大切です。

保育室の中でも、それぞれに好きな場所があります。ねんねの頃の子どもたちがどの場所に寝るかを考える際にも、うれしそうに身体をバタバタと動かしていた場所、声を立てて笑っていた場所があれば、次の時にはその場所を選んだりします。「ここが好きだった」「このおもちゃを見た時に笑った」など、子どもの反応をとらえる視点がとても大切です。

1歳児クラスになると、自分でどんどん出かけていくようになります。「行きたい」「さわりたい」「持ちたい」など、たくさんの「〜したい」が出てきますが、それをしっかりと受け止め支えていくことが大切です。

1歳児が保育室で遊ぶ朝。お気に入りの場所があります。

③ ゆっくり動き出す。その動きを受け止める

　倉橋惣三は、保育の営みを「自ら育とうとするものを育たせようとする」と言います。0歳児クラスの子どもたちと過ごしていると、この言葉がぴったりだと思わされます。昨日より今日、そして明日へと伸びていく姿に触れ、圧倒される思いがします。まさに、能動性を発揮して過ごしている、それが子どもだと思います。

　幼児期の教育は「環境による教育」です。子どもたちの身近にある環境に自ら働きかけ、さまざまに感じ取り遊ぶ生活、その中で子どもたちは育ちます。

これは何かな？遊具棚の前で

　子どもの動き方はそれぞれ違います。保育者はそれぞれの動きを待ち、受け止め支えるかかわりを丹念に重ねていきます。そのために、子どもたちが過ごす室内には手に取って触ったりなめたりできるものがいろいろあることが必要です。

　左の写真は0歳児クラスの4月、入園して10日ほど経った頃の様子です。初めのうちは、新しい場所に戸惑う姿もありましたが、だんだんとゆったりと過ごせるようになってきました。自分の好きなように物に触れられることが、子どもたちの安定につながっているようです。

④ 子どもの動きに応じて保育者も動く

　0歳児クラスの子どもたちは、まだはっきりとした言葉は話しません。室内には静けさがあります。「○○ね」「あったね」などと、子どもの動きを受け止めながら発する保育者の声が、やさしく空間の中に漂います。保育者が子どもの動きを先導するような言葉ではなく、「子どもの動きを受け止めて発している」言葉であることが大切です。

　次の頁の写真は、小さな音のする積み木を耳の近くで振り、「音がするね」と保育者が語りかけている場面です。子どもたちの手にも、小さな積み木が握られています。それぞれに手に取って振っている姿を見て、保育者も同じように振ってみて「あ！聞こえた」と笑顔で話しかけています。その保育者の様子を子ども

たちはじっと見ています。

　自分が感じているのと同じ楽しさを保育者が味わっている様子を見て、子どもたちはどのように感じているのでしょうか？「同じ」という気持ち、「楽しい」という気持ちを抱いている姿のようにも見えます。子どもの動きに応じ、動きには動きで応えていくという応じ方を大事にしたいですね。

　津守は、このような動きを『生命的応答』と名づけ次のように述べています。

小さな音に耳を傾けている保育者の姿をじっと見ている子どもたち

　『子どもの自然な動きに参与して、おとなもまた、ほとんど無意識のうちに自然に応答する。そのときの活動は、子どもにとって価値のある活動である。自然に推移するこの多様な活動には、ことばで記述できないものが多く、そのときのおとなの行為もまた多様である。生命的応答と私が名づけるものは、この多様な行為のことである。保育の実践において、生命的応答は大きな部分をなしている。子どもの世界は、生命的応答の積み重ねの中にあらわれる。』 *

　津守があえて使った『生命的応答』という言葉をかみしめてみます。生命的という言葉がつくことで、応答する保育者の側に、より一層の想いが生まれるように思いませんか。心を動かし、心を傾けて応答しているというイメージです。

　冒頭にある『子どもの自然な動きに参与して、おとなもまた、ほとんど無意識のままに自然に応答する。そのときの活動は、子どもにとって価値のある活動である。』という文章にも、大切な意味を感じます。子どもと保育者がゆるやかに横並びに存在しながら、心を動かしながら応答する。保育者は、その時その場で生きている。その場で生きて、感じ、笑っている。人としてそこにいて、子どもに応答している存在であることが保育者に求められています。生命的応答、という言葉を深く胸に刻んでおきたいと思います。

* 津守真『子どもの世界をどうみるか』123頁、NHK出版、1987年

⑤ 自分で扉を開くようにして外へと出ていく動きを支える

　0・1歳の子どもたちを見ていると、能動性の塊だと思わされます。お座りからハイハイ、つかまり立ち、そして歩き始めた子どもたち。室内から戸外へと世界が広がっていきます。保育室と園庭の間にあるウッドデッキは、内と外をつなぐ大事な場所になっています。室内とのつながりを感じながら、外へと開かれています。そこでは、年上の子どもたちが元気に遊んでいる姿が見られます。その様子を見たり、声を聞いたりしながら、心は外へと羽ばたいているのかもしれません。

　誰かが動き出した姿ほど、「行きたい」という気持ちを引き出すものはありません。動き出す雰囲気をつくり、準備ができた子どもからテラスに出ていくという流れ方は、とても自然な動きになります。心が動くと身体が動く、同時に、身体が動くと心が動く子どもたちです。自分で扉を開くように外へ出ていく動きを支える保育でありたいと思います。

　園によっては、0歳児や1歳児の保育室が2階にあるなど、すぐ園庭に出ることが困難な場合もあるでしょう。その場合でも、どこで準備をするのか、どのような言葉かけをするのかによって、子どもたちの気持ちは変わってくるように思います。

⑥ 子どもの姿に応じながら応答的に作る手づくりおもちゃ

　0・1歳児の保育室にはさまざまな手づくりおもちゃがあります。それはどれも、保育者が心を込めて子どもたちのために作ったものです。手づくりおもちゃによって、子どもたちの豊かな体験がもたらされます。

　保育環境の中で大きな意味を発揮している手づくりおもちゃですが、大事にしたいポイントがあります。そのいくつかを紹介しましょう。

◆ 子どもの動きをとらえて作成し、動きに応じて微調整する

目に映った物に手を伸ばして、引っ張ったりつまんだりすることを楽しんでいる様子をとらえて作ったのが「いろいろひっぱりボード」です。段ボール板に布を張り、ビニールでコーティングして、清潔を保つようにしています。木のビーズやバネ状のものをつけていますが、間違って飲み込むことがないように、しっかりと結わえつけます。

4月。0歳児クラスには、もうすぐ1歳になる子どももいれば6か月の子どももいます。そこでこのボードは、寝たままでも手が届く位置に設置することにしました。

初めは低い位置に

さっそくハイハイをして近づいてきて、手を伸ばすBちゃん。興味深そうにいろいろなものを触っていました。まず手を伸ばしたのは、赤い丸いボタンです。ゴムがついているので手に取って引っ張り、手を離すと元に戻るのを興味深そうに見ていました。

つかまり立ちができるようになったCちゃんは、ボードがついている台に手を置きながら、よいしょと立ち上がり、立った姿勢のままで、いろいろな物に触れています。どの場所にどのように設置するかも大切な視点だと気づかされます。

立って遊ぶ姿が出てきました

高い位置に変えました

0歳児クラスの子どもたちがみんな1歳になり、歩き始めた頃には、立って触れる位置につけました。あそこまで歩こうとい目標になり、到着すると立ったままで触れて遊ぶ経験ができました。

「いろいろひっぱりボード」ひとつでも、子どもの興味や動きをとらえて、つけるものを変えたり加えたり、ボードを設置する場所を変えたりすると、新しい楽しみ方が見つかります。

◆ 子どもの動きに目をとめて、子どもが感じていることを感じとる

ミラーシートに布を張って作った鏡（15頁参照）を保育室の床に置くと、興味津々で近づいてきて、のぞきこむ姿がありました。顔を近づけたり遠ざけたりしながら楽しんでいます。

ミラーシートで作る鏡は、0歳児クラスにおすすめの手づくり遊具ですが、鏡を見つけて楽しむ姿は、いろいろな場所で見受けられます。左下の写真は、室内に置いてある間仕切りの足の部分が鏡だったので、興味をもってのぞき込んでいるシーンです。子どもたちにとっては、身の回りにあるもの全てが興味の対象になります。その姿を見逃さないようにし、「あら、ここにも鏡があったね」「見つけたんだね」と感心します。0歳児から始まっている探求・探索の姿だと考えます。

身近にあるものすべてが探索を誘うものになるということに驚きながら、そこで子どもたちが立ち止まったり、顔を近づけたり、じっと見たりしている姿を見届けることを大切にしましょう。「子どもが見つける」姿を大事にして一緒に楽しむことから、手づくりおもちゃのステキなヒントが見つかります。

◆ 感触・色合い・大きさ・材質・統一感・数に配慮する

保育室には、実に多様な物があります。生活用品や家具、そして遊具や玩具。それらの物はすべて「色」をもっています。色に対して無頓着な保育者の保育室に入ると、色の洪水のようでめまいがしてきます。

保育者は、色に対して敏感でいたいと思います。手づくりおもちゃを作る際にも、色合いに十分注意するようにしましょう。手提げ袋や物を入れて運ぶ箱などを作る際には、ベージュやクリーム色など、どのような色とも相性のいい色を選ぶことをお勧めします。

色と同じように気をつけたいのが、大きさや材質、感触です。手提げ袋は子どもたちの大好きな物ですが、大きすぎると物を詰め込みすぎます。持ってちょうどよく、遊びに活かせるのはどのくらいの大きさだろうと考えることが大切です。材質や感触も、子どもになった気持ちで触れたり遊んでみたりすると、大切さを実感できると思います。心地よいかどうか、保育者自身も感覚を研ぎ澄ますことが求められます。

2 環境や援助のあり方

1 協力し合う保育者

　本園は設置基準ギリギリの面積のため、0歳児のみ単独のスペースで過ごしていますが、1・2歳児は同じスペースで過ごすようになっています。

　1歳児（10名）と2歳児（11名）のあわせて21名が過ごしている部屋は、決して広いとはいえません。しかし、その場所で、協力し合いながら、気持ちよく生活が営まれているように思います。

　開園当初は、「落ち着かない」「クラスの動きがとりにくい」「合同保育なの？」と、保育者の中からもさまざまな疑問がありました。そこを出発点にしながら「子どもたちが過ごしやすいようにしたいね」「どうすればいいのかな」「こうすれば…」と考えを出し合い、工夫して歩んできた道のりの先に今があるように思います。気持ちよく過ごせるコツをまとめます。

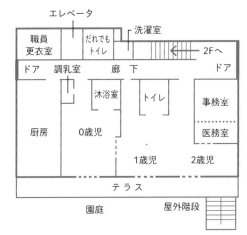

◆ 1歳児が先になる、時間差を活かす

　園での過ごし方は大まかに、登園➡遊び➡おやつ（牛乳）➡散歩➡着替え➡食事➡午睡➡おやつ➡遊び…、という流れになります。この流れは1歳児、2歳児ほぼ同じですが、お腹が空き、早く眠くなる、という身体のリズムから、1歳児のほうが先になります。そのことによって出てくる時間差が、生活を進める上でちょうどよいようです。

　同じスペースにいる21名がそろって食べる方法だと、お腹が空いている子どもと空いていない子どもが入り交じってしまいます。また、21名がそろって眠ろうとすると、おしゃべりや動きが伝播しやすくなってしまいがちです。

　しかし、4、5名ずつ、お腹が空いた子どもから食べて順次寝る方法だと、そのようなことは起こりにくくなります。1歳児と2歳児の生活のリズムがずれていることがちょうどいい、という意味はここにあります。過ごしやすい生活のコツは「少人数と時間差」にあると考えます。

①1歳児。4、5名ずつ時間差をつけて食事

②2歳児。散歩後の着替え。一番最後に食べる子たち

③最初に食べた1歳児4名。おやすみなさい！

④最後の2歳児5名も、「いただきます！」

◆ 子どもの気持ちを優先し、伝え合って支える

　1歳児クラスのDちゃんは、2歳児クラスに進級した当初、2歳児クラスのスペースよりも、慣れ親しんだ1歳児クラスのスペースで過ごしたがりました。友だちも担任も一緒に進級したので大丈夫かと思いましたが、人よりも場所に安心感を得ていたのかもしれません。Dちゃんはどこかなと見回すと、1歳児クラスのスペースにどかっと座り込んで遊んでいる姿発見！という日々が続きました。

　そこで1歳児の担任と2歳児の担任が話し合い、Dちゃんの思いを受け止めることにしました。いたいだけいていいよ、そのままでいいよ、というメッセージが伝わることで安心したのか、しばらくすると、2歳児クラスのスペースでも過ごせるようになりました。子どもの気持ちを受け止めて、保育者間で理解し合うことが大切だと教えられた出来事でした。

② 「そろってから」と考えない、待たせない保育

　1歳児と2歳児が同じスペースで過ごしていても、それぞれに落ち着いて過ごしています。室内で遊んでいる子どもたちは、棚からいろいろなおもちゃを取り出して遊んでいます。同じものが大量にあるわけではありませんが、物の取り合いでトラブルが起こることはあまりありません。

　このような姿を支えているものは何だろうと考えた時に浮かんだのが「そろえようとしないこと」「待たせないこと」でした。散歩から帰ってきた1歳児クラスの子どもたちは、順次シャワーを浴びていきます。その時にもこの考えが発揮されていました。

　散歩から帰り手洗いをすませた子どもたちは、それぞれお気に入りの場所に向かいます。すぐにシャワーを浴びたいと思っている子どももいるので、保育者はまずその子どもからシャワーをしていきます。シャワーは1人ずつなので、ちょうどいいときにそれぞれを誘うことにしています。保育者の連係プレイの中で、絶妙にシャワー大作戦が進行していきます。

　「そろそろシャワーはどうですか？」「気持ちいいよ」と誘われて、「まだ」と断ることもできる中で、少しずつシャワーが進んでいきます。その様子を見ていた私が「Eちゃんは？」と、まだシャワーをしていない子どもの名を伝えると、「今、そう簡単じゃないんですよ。もう少しあとで誘います」という答えが返ってきました。自分の気持ちの切り替え方にも、それぞれの今がある。そこを大事にしているから、穏やかで気持ちのいい生活が流れているのかな、と思いました。

③ 小さな心遣いが大きな効果に

　本園では、棚に収納するおもちゃの表示を、写真や文字ではなく、写実的に丁寧に描いた絵で表示しています。開園当初、絵が堪能な知人がいてお願いしたことがきっかけでした。その後、新しい遊具が加わる時に、保育者が同じように描くことにして、物の置く場所を丁寧に描いた絵で表示するという方法を続けています。

　写真で表示するやり方も検討しながら、少しおしゃれにしたいよね、という思いで始めましたが、1歳児

クラスのFちゃんが、おもちゃと表示の絵を見上げて「これ、いいんじゃない？」と言ったという報告を担任から聞きました。うれしいことです。子どもの周りに置くもの、ちょっとした表示や掲示に丁寧さを！と思います。真心のこもった丁寧さは、子どもたちや保護者にも伝わっていくのだと思います。

④ 保護者との連携

　0・1歳児の保育は、保護者にとって「親」という立場で教育機関とかかわるデビューの機会でもあります。初めての園生活にドキドキしているのは子どもだけではありません。保護者も同じです。そんな保護者の気持ちを受け止め、安心してわが子を委ねていただけるようになるための工夫をしていきたいと思います。

　園は、子どもを預かるだけの場所ではありません。園で過ごしている子どもたちの様子や保育者の思いを伝えることで、保護者に子育ての喜びや大切さを伝えていくという大きな役割があります。そのための工夫について考えてみました。

◆ 一人ひとりとつながる連絡帳やポートフォリオ、そして会話

　日々の様子をつづる連絡帳や、1か月に1枚子どもの様子を写真で紹介するポートフォリオ。いずれも園からの一方通行の発信ではなく、保護者との往復書簡であることに意味があります。家庭での様子を教えていただき、園での様子を重ねていきますが、最も大切なのは、言葉を交わすことです。朝や帰り、短い時間でも顔を合わせるその時に言葉を交わす、それがとても大切です。

◆ 子どもたちの様子を伝える掲示

　遊びの様子の掲示では、写真を活用して戸外遊びの様子を紹介することがあります。送り迎えの時には、見ることのできない戸外遊びの様子を紹介することで、園生活の理解が深まるようです。

　また、絵の具で遊んだ作品を飾る時には、作品のそばにその子どもが描いている姿の写真を掲示します。作品を見ただけでは伝わらない、作っている時の生き生きした様子が伝わるようで、写真を見ながら「こんなふうにやっていたんですね」「楽しそうですね」と、話に花が咲きました。

　環境の中に活動の様子を紹介する掲示を効果的に配置することで、保護者が園生活を理解し、子どもたちの成長を実感することにつながる効果があります。大切に積み重ねていきたいことです。

0歳児の 遊びと生活

1

鏡との出会い

子どもたちが毎日過ごす園が安心できる場になっていけるようにと、保育者は子ども一人ひとりと応答的なかかわりを重ねていく中で、安心して過ごせるようになり、周りをみる余裕が生まれてきます。

そのような時に鏡があると、鏡に映る自分と出会います。興味津々、じっと見て何かを感じています。

子どもたちがじっと見ている時は、邪魔をせず、様子を見守るかかわりを大切にしたいですね。

保育室で遊んでいる子どもたちのそばに手づくりの鏡を置くと、「何だろう？」とでもいうように、そっとのぞきこんでいます。鏡に映る自分の顔と、友だちの顔を見比べています。こんなふうにして、自分と他者の存在に気がついていくのかもしれません。　　　　　　　　　　　　（9か月、1歳0か月）

鏡を見つけてハイハイで近づきます。目と目が合ってニッコリ！　　　　　　　　　　　　（1歳0か月）

座って遊べるようになった頃。床に鏡を置いている場所でゆっくり遊んでいました。鏡面のひんやりした感触も足に心地よいようです。　　　　　　　　（11か月・10か月）

お座りをして、壁の鏡に気づいたようです。そっとのぞいてニッコリ。

位置が異なる鏡

壁についている鏡

1枚は、立つとちょうどよい高さに設置。もう1枚は、ハイハイや寝転んでちょうどよい位置に。横長の鏡なので、友だちと一緒に映ることができて楽しめる。

床面の鏡

市販のミラーシートに布を貼り作ったもの。のぞき込むと映るのが面白い。

視点の違う3つの鏡があることで、子どもの発達や興味・関心に応じて楽しんでいくことができます。鏡があることで動きが誘発されます。

作り方 ＊布が目立たない色合いに！

布を貼る → すべりにくくなる

裏面

表面

50〜60cm

80〜100cm

Memo

✓ 床置きの鏡は、必要に応じて出し入れするようにすると、新鮮な気持ちで出会うことができます。

✓ 床の鏡はお座りやハイハイの頃に向いています。立って歩けるようになったら、壁に掛けた鏡や窓に映った自分に気づいていきます。

2

ふわふわ
大好き

いろいろなものに手を伸ばし、たたいたり振ったり、引っ張ったり口に入れたりして、子どもたちは、「そのもの」を確かめています。

乳児期において、このように「モノ」と出会い「モノ」を確かめていく動きの中に「探索」の芽があります。モノとの出会い方や感じ方は一人ひとり違います。その姿を大切に見守り「何だろう」「面白い」「またやってみよう」等、さまざまな気持ちを膨らませていけるよう、共感的な援助を重ねていきます。経験を重ねるにつれて、遊び方も変わっていく姿を大切に受け止めていきます。

4月に入園した時から、にこにこ笑顔が印象的です。シフォンの布のふわふわした感触が気に入ったのか、手を伸ばし握りしめ、口にもっていきました。気持ちよさそうなこの表情。ごろんごろんと転がりながら、しばらく楽しんでいました。

（6か月）

大きなガーゼの布の両端を保育者がもち、ゆっくりと揺すりました。やさしい肌心地がするのか、子どもたちは中に入り込んだり出たりして遊びました。布の動きや風を感じて楽しんでいます。中に入る子どももいれば、その様子を周りで見ている子どももいます。

ふわふわが楽しそうだったので、薄葉紙を出してみました。
大きな薄葉紙を天井からつるしてみると、そっと触れています。紙の柔らかな感触や風に揺れる動き、布とは違って音がすることにも気づきました。大きく手を伸ばして、夢中で遊んでいます。　　　　　　　　　　　　　　（12か月）

薄く色のついたガーゼ状の布を飾りました。風を受けてやさしく揺れる様子を子どもたちが見ています。夏は水色系、秋は茶系の色が似合います。

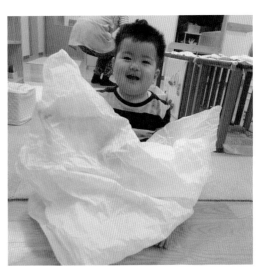

天井からつるしていた薄葉紙をおろしました。座り込んでじっくり触れています。　　（10か月）

いろいろなフワフワ

シフォンの布	50㎠のシフォンの布は透けて見えるので安心。淡い色がいい。
大きな布	シフォンの布に親しむ姿からもっと楽しめるようにと製作。ガーゼ素材の感触が心地よい。
薄葉紙	ふわふわで柔らかな感触の紙。0歳児でも、破いたりしやすい。
小麦粉粘土	子どもが握って柔らかさを感じ、手にもつかない絶妙な心地にしている。

Memo

✓ ふわふわの感触は心をリラックスさせます。子どもが何を感じているのかを知るためにも、必ず触れてみて感触を確かめましょう。

✓ 口に入れるのでまめに洗濯すること。感染症が発生した際には、使用を中止します。

③

入れる

子どもたちは「あな」に興味をもちます。「あな」を見つけると、そこに指を入れたり、のぞきこんだりします。「あな」に何かを入れてみると、おや！なくなってしまいました。不思議、不思議！こうして子どもたちは、いろいろな場所に物を入れるようになります。

指先を使って物をつまんだり、自分に近づけたりできるようになってきた子どもたちが、自分たちのまわりにある「あな」に入れようとしている姿です。

保育者のエプロンのポケットに、そっと"音の鳴る積み木"を入れています。保育者に気づかれないように静かにそっと。指先を使って入れているのは狭い入り口だからでしょうか。　　　（1歳2か月）

子ども向けの網目状のボールにミニペットボトルを入れていました。穴にちょうど入り、キノコのような形に！（1歳1か月）

トンネルの壁の一部に丸いあなを見つけて、何か入りそう！と試しているところ。　　　　　　　　（1歳0か月）

透明な筒にキャップを入れて動かします。　　　　　　（1歳2か月）

トイレットペーパーの芯にチェーンリングを入れて遊んでいました。保育者はこの姿を見て、次の遊びを考えてみました。

洗濯の排水用ホースを使って、入れた物が目の前で落ちるおもちゃです。1本は真っすぐ落ち、もう1本はカーブをつけてゆっくり落ちます。

入れて遊ぶものづくり

しっかりした空き箱に穴を開けておもちゃにします。特に円柱の箱は、転がすこともできて面白いです。

Memo

✓ 子どもたちは「入れる」ことが大好き。思いもかけないところに入れます。その姿を見逃さないようにしましょう。

✓ 何かを入れると「ポトン！」と音がする、クルクル回るなど、驚くことがいっぱい。子どもと一緒に楽しむことも大事ですね。

4

出す

「モノ」をいろいろな角度から眺め、触り、語りかけながら近づいていきます。「これはどうやって使おうかな？」とじっくり時間をかけて、子どもたちはモノと向き合っています。子どもの行為は、無駄なことは1つもありません。思いきり「出す」という行為を通して、モノとしっかり向き合っているのでしょう。

カゴをひっくり返し、中に入っていた積み木をザザーッと出していました。保育者と目が合うと、一瞬手を止めます。保育者がにこっと笑うと、うれしそうにカゴをかぶったり抱きしめたりしていました。　　　　　　　　　　　（1歳3か月）

絵本を引っ張り出していたところ、シフォンの入った缶に気づき、引っ張ってみると出てくる出てくる!! あっというまに缶の中は空っぽです。 (10か月)

丁寧に1つずつ引き出しを出していきます。まるで中身を確認しているようです。引き出しの奥にある写真に気づきました。 (1歳3か月)

引き出しを片っ端からポイと投げ出します。投げ落とした後のことも確認しています。出したものを拾い、また別の場所に入れていきます。繰り返し遊んでいます。 (1歳4か月)

引き出しのからくりに気づきました。動物たちの写真が出てくると、指をさして声を上げています。

引き出し

引き出す箱は牛乳パックを2つかませて、両側に段ボールを貼ります。棚のほうは段ボールで仕切りを作ります。

Memo

✓ 子どもたちにとって出すことは魅力的。素材を変えると楽しめます。

✓ 引き出しだけではなく、意外性をもたせるとワクワク感は倍増します。子どもたちになじみのある写真を入れてみましょう。

✓ 出して、しまう。一緒にきれいになったという感覚も大事にしたいですね。

5

入れたり
出したり

手と指の機能が発達してきた子どもたちは、入れたり出したりの遊びの経験を重ねることで、手首をコントロールし、小さなモノをつまんで入れることもできます。入れた時や振った時の音、振ってモノが落ちる面白さに気がついています。子どもの遊ぶ姿を見ながら、多様な容器や入れるモノを用意していきます。

布にくるまれた四角い箱。中を見ながら手を伸ばしています。いつもはボールが入っている箱も、遊んでいるうちに布、積み木、ミニペットボトル等いろいろなものが入るようになりました。　　　　　　　　　　　　　　　　　　（1歳0か月）

ペットボトルのキャップで作ったモノを友だちと一緒に入れて楽しみます。 　　　　　　　　　　（12か月、1歳1か月）

空いている口の形が異なった容器を並べて入れています。十字の口は一見入らないように見えますが、押し込むと入ることに気づいて何回も入れていました。 　　（1歳3か月）

同じくペットボトルのキャップで作ったモノですが、入れ物の口が大小2種類あり、選ぶことができます。 　　　　　（1歳4か月，1歳5か月、1歳8か月）

プラスチックのチェーンを他の子どもが容器に落としているのを見て、脇から参加します。 　（1歳1か月、1歳4か月）

出し入れできる玩具

容器
器の大きさもいろいろ。出し入れ口は、入れる物に合わせて大きさを調節してカッティングします。

プラスチックのチェーン
細さや太さ、長さ、色などで種類を揃えます。

ペットボトルのキャップ
ペットボトルのキャップの中に、小豆、ドングリ、鈴等音の出るものを入れて、キャップで蓋をします。接着剤とテープでしっかり止めてカラー軍手でくるむと、手触りもいいです。

Memo
✓ 身近なモノで子どもたちが面白がる玩具を作りたいですね。手づくりは時間がかかりますが、ひと手間加えることでぬくもりが出ます。

✓ 時間が過ぎると、最初の興味が薄れていることもあるので、計画的に作るようにしましょう。

6

引っ張る

腹ばいで遊んでいた子どもが、目の前にあるおもちゃに触れてみたいと手を伸ばし、そこから引っ張るという遊びにつながりました。
触れてみたいと思うおもちゃをどこにどのように設置するかについて、子どもの姿を見ながら考えます。腹ばいからつかまり立ちに移ったら、おもちゃを高い位置に移動します。子どもと一緒に遊び、子どもの姿を観察することが大切です。

なかなか腹ばいから前に進まなかったAちゃんが、少しずつ動き出しました。その視線の先には引っ張るおもちゃがありました。きっと、友だちが触れているを見ていたのではないでしょうか。何度か触れているうちに、その面白さに気がつき引っ張るようになりました。

腹ばいの頃、目線の少し先の手が届きそうな場所に握りやすいおもちゃを置きます。手を伸ばし、届くとたぐり寄せます。引っ張る遊びにつながります。

立って引っ張っています。片手で自分の身体を支えて遊んでいます。

プチプチシートの取り合いです。どちらも離さずしっかり握っています。2人とも腕の力、指先の力もついてきました。

歩行がしっかりとしてきた頃、おもちゃを引っ張って歩きます。遊びを繰り返し、余裕が出てくると、立ち止まって振り返ります。音や動きの違いに気がついたようです。

ドアの前までくると、ひもをぐっと引っ張って方向転換を試みているようにも見えました。

環境構成のワンポイント

段ボールは二重になっています。2か所つながっているので、片方を引っ張ると、もう片方が引っ込みます。

Memo

✓ 子どもに経験をさせたい遊びをイメージし、そのための環境と今の子どもの姿を合わせて考えます。

✓ 安全性があるか、小さな物が取れやすくないかを必ず確認しましょう。

7

またぐ

0歳児に経験させたい身体の動きの1つに『物をまたぐ』動きがあります。子どもたちが段ボール箱をまたいで中に入る遊びを楽しんでいたので、次はしっかり手をついて安定した状態でまたぐ動作ができるものをと考えて、L字の組み合わせ遊具を作りました。L字遊具で遊ぶ姿を見ていると、保育者が想像していた以上に物と向き合う場、人と触れ合う場になりました。

　L字遊具を見つけ、しっかりと手をついて慎重にまたぎ、腰かけてから向きを変えて、ゆっくりと中に入っていました。中に入るとほっとしたようで、保育者と目が合うと安心したように笑います。一度できると嬉しくて、何度も繰り返しています。　（1歳3か月）

繰り返し遊ぶ中で、軽やかにまたぐようになっていきます。

縁に登り、立って姿勢を保ちながら、段ボールを叩いて音を出す子どもがいます。不安定な場所ですが、魅力的なようです。

この遊具の高さがちょうどよく、積み木を重ねました。

L字遊具の1つを部屋の隅に設定すると、友だちと2人の場になりました。同じ遊びをするわけではありませんが、狭い空間で一緒にいることがうれしいようです。

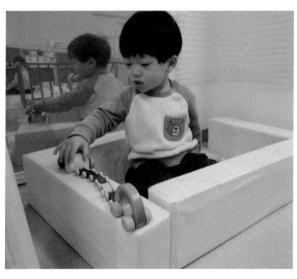

L字遊具を合わせて中に入ると、1人の空間になります。車が大好きな子どもも、この場所に車を並べて1人でじっくり遊び出しました。

L型遊具の作り方

牛乳パックの中に、たたんだパックを入れます。少し重いぐらいが安定しています。パックの上に白紙を貼ってから布を貼ります。

Memo

✓ 他の園で使っていたのを見て、作ってみることにしました。大きさや重さはアレンジしています。手づくりおもちゃは自園に合わせて作ることが大切です。

✓ 縁に立つことは、子どもにとって嬉しいこと。でも必ず見守ってください。

⑧

コの字型椅子

身体の動きが活発になってきました。足の力も強くなり、自分の力で進むことがうれしいようです。そこで、足で蹴って進むことができるコの字型の椅子を作ってみました。子どもたちの身体に合うように考えて作りましたが、とても気に入って遊びに取り込んでいます。

足こぎの乗れる物があるといいなと、牛乳パックを利用して作ったモノです。子どもたちは乗って移動していましたが、使ううちに何通りも遊び方があることを発見していました。

（1歳3か月、1歳4か月）

自分が運転する乗り物に人形を乗せています。　（1歳6か月）

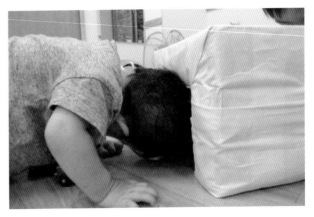

友だちが玩具をくぐらせる様子を見て、自分もくぐれるかも！と思ったようで、早速頭を突っ込んでいました。何でも自分でやってみて確かめる子どもたちです。（1歳4か月）

元はコの字型の乗り物として作ったものでした。使ううちに「こうやって使うとどうなんだろう？」「あれ？この形…こうやって使えないかな？」と、いろいろな使い方を見出しています。友だちがボールを転がしている姿を見て、「何してるの？」といわんばかりにそばに近づいてきます。
（1歳5か月、1歳3か月）

コの字の乗り物の作り方

牛乳パックの中に、6〜7枚のたたんだ牛乳パックが入っています。それをコの字型にしてガムテープで固定。最後に布を貼ると、強度が増します。

Memo

✓ コの字型の乗り物は、時には椅子やテーブルの代わりになったりと、遊びに大活躍です。

✓ 遊び方は子どもが見つけます。子どもたちが始めたことを大事にします。

1

音を見つける

子どもたちの周りにはいろいろな音があふれています。保育者の声、遠くに聞こえる車の音、おもちゃの音等、子どもたちはさまざまな音を聴き取っています。

小さな音のかすかな違いにも気づく子どもたち。音を聞いているときのまなざしの奥には、無限に広がる世界が存在しているようです。

色の異なる四角い積み木はそれぞれ異なる音がする積み木です。片手でにぎることのできる大きさなので、両手に握って打ち付けます。積み木と積み木がぶつかると、コンコンと音が聞こえます。積み木の角を打ち付けると聞こえてくる音と、平面を打ち付けると聞こえてくる音が違うことにも気づいたようで、積み木をさまざまな角度に変えて、打ち付け、繰り返し音を楽しんでいます。（1歳0か月）

ペットボトルを縦や横に振り、「カラカラ」「シャカシャカ」などいろいろな音を楽しんでいます。中に入っているモノの動きにも釘づけです。
（1歳3か月・1歳5か月）

雨が降り始めると、子どもたちは驚いて外を見て、雨の音に耳を澄ましていました。滴る雨粒の落下地点にミルク缶やバケツを置くと、一味違った音が聞こえます。

洗濯が終わると聞こえる終了サイン。「ピー」という音が聞こえると、「あそこから音がしたよ」と指をさして知らせます。　（1歳6か月）

積み木でトンネルを叩くと、音がしました。子どもと保育者のトントンのリズムが響き合っていました。

身近にあるいろいろな音

ペットボトル玩具

ペットボトルにビーズやボタン、砂などを入れて、キャップ部分をビニールテープで止めると、マラカスに変身します。どんぐりなど季節のものを入れてみるのもおもしろいですね。

ミルク缶

上から落ちてくる雨粒の落下地点に置くと、「ポンポン」と心地よい音が聞こえます。室内では、叩いて遊ぶ楽器として遊ぶこともできます。

Memo

✓ 室内に保育者の大きな声やおもちゃの音が響いていると、小さな音に気づきにくくなります。

✓ 子どもたちは大きな音には驚き、小さな音には耳を澄まします。室内の音量を確認して、子どもたちに心地よい環境を作りましょう。

2

光・影を見つける

保育室の床に差し込んだ光をじっと見る子どもたち。手を伸ばして「これ何だろう？」と確かめる姿もあります。保育者も息を止めて、子どもと同じ目線で見つめてしまいます。

秋から冬にかけて、差し込む光への気づきがひろがります。大切に見ていきたい子どもの姿です。

日の光が当たる場所に触れてみました。しばらくすると、床に見える黒いもの（影）が、自分の動きと同じように動くことに気づきました。その後、自分の腕を動かしても動かない部分（ドアの端の影）があることにも気づいたようです。時間がゆっくりと流れます。　　　　　　（1歳4か月）

窓際につるしてあるモビールに光が反射し、それが保育者のズボンに写り虹色に光ります。風でモビールが動くたび、虹色の光もゆっくりと揺れます。光に気づいてうれしそうに微笑みながら、指さしをしています。　　　　　　　（1歳4か月）

窓から差し込む日の光に触れたらちょっと暖かい。窓に書いてある文字が小さな影を生み出し、その影にも気づいていました。　　　　（1歳6か月）

シートを窓に貼ると、色のついた影が現れました。色の影に、同じ色をしたシートを重ね合わせています。

夜になると、ガラスの戸が大きな鏡に変身。ガラスに映る自分を見つけて、うれしそうに身体を動かします。

光・影のきっかけ

モビール

窓際につるすことで、時間によってさまざまな姿を見せてくれます。床に写る影、光の反射にモビールの揺れが加わると、さらに子どもの心をぐっと惹き付けます。

光シート

窓にぴったりと貼り付き、何度でも取り外し可能で、跡も残りません。口に玩具を入れなくなったら、子どもの手の届く位置にシートを貼り、自分たちでシートを貼ったり取ったり楽しむことができます。

Memo

✓ モノではないため、なかなかすぐには気づくことのできない光や影。でも子どもたちは、敏感に感じとっているようです。

✓ 子どもの目線や思いに気づくことを心がけると、うれしい発見があるはずです。

1

保育者の
もとで

保育者との愛着関係に支えられ、少しずつ興味関心が人・モノに広がっていきます。保育者とくっつき身体に触れてもらうことで、自分は愛されている、この保育者がいれば安心だと感じるのでしょう。

赤ちゃんは大人の笑顔と優しい声が大好きです。人との信頼関係を築く大切な時期に出会った子どもたちを、一人ひとり丁寧に育んでいきましょう。

フープの中に入って動いてみます。保育者の笑顔がうれしくて、もっと、もっとと進みます。

「積み木で遊ぼう」と遊ぶ様子を見て、保育者にしがみついていた子どもも興味をもち始めます。

（12か月、1歳1か月）

保育者が歌うのを、ぐっと食い入るように見て聞いています。

（1歳3か月、1歳1か月、12か月）

わらべうたに合わせて身体をくすぐっていると、隣りにやってきて同じようにゴロンと寝転がり、自分で自分をくすぐり始めました。

（1歳1か月、12か月）

触れ合い遊びいろいろ

わらべうた

♪一本橋こちょこちょ

一本橋こちょこちょ　たたいてつねって
かいだんのぼって　こちょこちょ
かいだんのぼって　こちょこちょ

♪ちょちちょちあわわ

ちょちちょち　あわわ
かいぐりかいぐりとっとのめ
おつむてんてん　ひじぽんぽん

触れられる感触と手の動き、そのうち予測ができて次の動きを待っています。急に手を止めたりするのも喜びます。どちらもリズムが楽しいです。

Memo

✓ 保育者の笑顔と子どもたちの笑顔、喜びの共鳴です。子どもの目線や表情をよく見ていると、その子どもの求めているものが見えてきます。子どもをよく見ていきましょう。

✓ どんなに慌ただしい時でも、子どもたちが保育者を求めて寄ってきたときには、笑顔いっぱいで穏やかな気持ちで受け止めます。

2

いない
いないばあ

子どもたちは「いないいないばあ！」が大好きです。見えなくなったり、見えたり、そのことだけで大笑いします。

保育室の中にあるいろいろなものを使ったり、場を活かしたりして、子どもたちは「いないいないばあ！」を楽しんでいます。その中で、相手と出会うことや息が合うことに喜びを感じているようです。

シフォンの布を頭にかけて、相手からは見えていないつもりになって、保育者に「いないいないばあ!!」。透けているので、安心してかぶれて思いきり「ばあ！」と言っています。　　　　（1歳0か月）

天井から吊るした布をゆすって「ばあ！」
（1歳5か月）

トンネルに入って遊んでいる子と、トンネルの上で遊んでいた子の目が合って、何かがひらめいた様子。「ば!!」と言いながら顔を出すけれど、相手になかなか伝わりません。相手の子どもは、頭が見え隠れする姿に気づき、近づいていきます。そして「ば！」という声に合わせて顔が向き合いました。　（1歳0か月）

それぞれに顔をのぞかせていた遊びが、いつのまにか「いないないばあ！」になっていました。「ばあ！」という声が出て、互いにタイミングを見計らうようにもなってきました。
（1歳2か月、1歳1か月）

「いないいないばあ」を保育者と楽しんだ場所には楽しさが残っていたようで、子ども同士でも楽しんでいます。　（10か月）

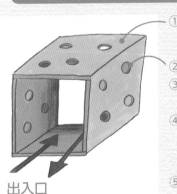

段ボールの箱（トンネル）の作り方

①表面はうすめの色の画用紙でおおう
②丸い穴をあけて
③丸型に切ったセロファンを内側から貼る
④セロファンを貼ったあたりをブッカーでおおうように貼る
⑤表面全体をブッカーでおおう

出入口

Memo

✓ いつでもどこでも楽しめる「いないいないばあ」。自分の顔が隠れれば始められる遊びです。大人と遊ぶ時は「ばー」の大人の手の動き、表情を変えるのも楽しいです。

✓ 保育室にある物、場を使って楽しむと、楽しさが残っていくようです。

1

心地良い場所

身体が緊張していると、クッションやソファに横になることは難しいです。
心と体が安心に包まれ、緊張から解放された時、子どもたちの活動が面白く、力強く感じます。

朝早い時間。気持ち良い空気が流れています。この空気に吸い寄せられるように、園庭に面したガラス扉の周囲に子どもたちが集まってきました。ソファクッションに乗り、寄りかかって、それぞれの時間が過ぎていきます。
（1歳2か月、1歳3か月）

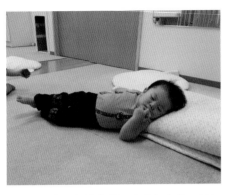

くるりと巻いた長布団に寄りかかり、手に持った積み木をじっと眺めています。「どうやって使おうかな」と考えているようにも見えます。　　　　　　　　　（1歳3か月）

気になる絵本を手に取り、寝転がって広げています。　　　　　　　　（1歳3か月）

遊びの合間にちょっとゴロリ！　　　　　　　　　　　　　（1歳5か月）

長座布団に厚めの板ダンボールを入れると、坂道になりました。

丸めた長座布団にまたがり、身体を前後に動かしています。上がったり下りたりすることに興味のある時期。ちょっとした段差が楽しい子どもたちです。　　　　　（1歳3か月）

いろいろなクッション

長布団	身体を動かす遊びにも使えますが、ポケット付きなので、音の鳴るモノを入れると音も楽しめます。
ソファに見立てた長座布団	ふかふかの長座布団を3分の1のところで折り曲げて、段差を作りました。
丸型の座布団	寝返りの補助具として作ったものの、わらべうたで遊ぶ時に使っています。

Memo

✓ 何かに寄りかかりたい時や寝転がりたい時、フワフワと柔らかい素材のモノがあることで気分もゆったりします。

✓ クッションのカバーは毎週洗濯します。

2

入る

毎日過ごしている保育室の中を、安心できる場所だと感じられるようになった子どもたち。今度は、保育室の中に自分だけで入り込める場所を見つけて楽しむようになりました。

囲まれたちょっとした空間は自分専用の場所であり、狭いのでホッとした気分になるようです。友だちと一緒も楽しいけれど、1人も楽しいようです。

園庭に面した場所に、段ボールで作ったもぐりこめる物を置きました。1人にぴったりな小さな空間は、子どもたちのお気に入りの空間になりました。中に入って窓から園庭の様子を見たり、外側からお客さんが顔を出すことに驚いたり。箱の中で自分の手や足を確かめているようでした。

（1歳2か月）

1人の子どもが箱の窓から外を眺めている横で、同じ風景を眺めている子どもがいました。気持ちがつながっているようです。　　　　　　　　　　（10か月、1歳2か月）

左側はシンプルなトンネル。右側は天井やサイドにカラーフィルムを貼ったトンネル。どちらも通り抜けることもあれば、その場でしばらくじっと眺めていることも。

（1歳3か月、1歳2か月）

ボールを入れて遊んでいた箱でしたが、遊んでいるうちに子どもたち自身が入って遊ぶ場に変身。
（1歳5か月、1歳8か月）

長方形の段ボールをコの字に持って電車にして遊んだあと、今度は囲ってお家を作りました。中にカップやチェーンなど持ち込んでいます。

輪になった段ボール。電車にして遊んだり、頭にかけてみたり…。最後に、中に入って寝転んでみると、特別なベッドです。

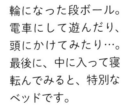

ミニハウスの作り方

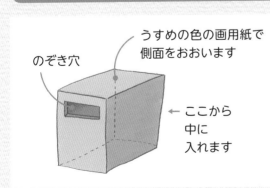

のぞき穴

うすめの色の画用紙で側面をおおいます

← ここから中に入れます

Memo

✓ 子ども1人が入れるぐらいの大きさがいいです。窓をつけるのがポイントです。

✓ 家にこだわらず、囲うタイプでも、子どもたちの豊かな発想で遊びが広がります。

3

部屋から
一歩外へ

天気がいい日は、戸外遊びを存分に楽しみます。園庭は子どもたちが大好きな場所。部屋から一歩外へ出ると、そこには魅力的な世界が広がっています。砂や泥、草花、風、陽の光。戸外ならではのさまざまなモノを見て、触って、全身で感じます。小さなテーブルやビールケース、木の板など、私たちにとって身近なモノも、遊びのきっかけに大変身。思い思いに試しては、いろいろな表情を見せてくれます。

前日に雨が降った影響で、園庭には水たまりが残っていました。冷たい水の感触、柔らかい土の感触、そっと触ると、むにゃっとした感触で柔らかい。手のひらで思い切り叩くと、ばしゃっと勢いよく泥が飛び散り、気づけば身体中泥まみれに。そんなことを気にすることなく、夢中になって泥を楽しむまなざしは、真剣そのものです。

（1歳4か月）

ビールケースをひっくり返すといくつもの穴が現れました。持っていたシャベルを、次から次へと穴に落として楽しみます。吸い込まれていくシャベルの動きが気になるようです。

（1歳4か月）

園庭にある遊具つきの柵は、用務員さんの手づくりです。タイヤを手のひらで握ったり、つまみ部分を指先でつまみながら、タイヤを回して楽しみます。つかまり立ちの時期にも大活躍です。　　（1歳）

用務員さん手づくりのキッチン。鍋やバケツを持ってきて、中に砂を入れて混ぜ混ぜ。まるで料理をしているようです。本物の蛇口も、子どもたちの興味をかき立てます。（1歳2か月、1歳1か月）

すぐ園庭へ降り立ち、柵に触れて遊び始め、しばらくテラスの縁に腰をかけ、手についた少量の砂を見つめていました。園庭で遊び出すタイミングもそれぞれです。　　　（1歳）

身近なものも大変身

ビールケース	裏返すと、少し高めの台に変身。保育者が近くで支えながら登ることもできます。いつもとは違う景色の見え方に、大興奮する子どもたちです。写真のように、裏側の穴に何かを落として楽しむこともできます。
木の板	ビールケースと併用すると、小さな坂に変身。地面に置くだけでも、新たな道となります。子どもたちは、砂とはまた違う足元の感触を楽しみます。
鍋	小さな取っ手がついていると、ぎゅっと握って持ち運ぶことができます。砂遊びで大活躍です。

Memo

✓ 砂、小石、葉など、子どもが口に入れやすいものも多くあります。必ず近くで子どもたちの様子を見守りましょう。

✓ 異年齢児との接触が見られる場合もあります。ケガに気をつけながら、異年齢児とのかかわりを支えましょう。

4 手押し車、ミニトラック

伝い歩きが安定してくると、「歩きたい！」という気持ちが少しずつ芽生え始めます。園庭では手押し車を見つけるとすぐに近づき、全身の力を使って前へ前へと押し進めます。手作りの手押し車はなかなか倒れないため、0歳児クラスの子どもたちも上手に動かすことができます。

大好きな手押し車を見つけると、「僕も押したい！」「僕も触りたい！」というように近づいていく子どもたち。気づけば3人並んで…出発進行！

全身の力を込めて手押し車を押し進めます。足の踏ん張り具合から、「前へ進みたい！」という気持が感じられます。　　　　（11か月）

一人で押すだけではなく、手押し車に乗って「押してもらう」ことも楽しいようです。自分から「よいしょ」と手押し車に乗り込みます。
（11か月、1歳）

手押し車より高さの低いミニトラック。運転席側、荷台側の両方から操縦が可能。お尻を上げて前傾姿勢になり、夢中になって進みます。

いつの間にか、ミニトラックが椅子に変身！荷台部分がお尻にちょうどフィットしました。お気に入りのカップを探しています。　　　　（1歳3か月）

いろいろな車

手押し車	持ち手が上下に2つあると、0歳児クラスの子どもたちから1、2歳児クラスの子どもたちまで幅広く使うことができます。木で作ったタイヤは、砂にめりこみ、あまりスピードが出ないので、安心です。
ミニトラック	押して楽しむだけではなく、荷台に砂や玩具を入れる子どもの姿も見られます。
段ボール	段ボールの上面を側面に折り込んで強度を高くすると、室内でも使える手押し車になります。

Memo

✓ 子どもたちは、押すのが大好き。何でも押したがります。押して遊べるものがあるといいですね。

✓ モノの状態をしっかりとらえ、ケガのないようにします。

5

階段、スロープ、ベンチ

室内から戸外へと出かけると、子どもたちの表情が変わります。光や影、吹く風や車の音など、さまざまなことを感じ取っているのでしょう。

戸外では、安全への配慮を基盤に、子どもたちがやろうとしていることを受け止めます。やり始めたことを大切にしながら、面白いことや楽しいことを一緒に味わいます。

歩き始めると、凸凹、段差、スロープなど　どんなところでも歩きたくなります。階段だって、手すりを持ってヨイショヨイショと下りていきます。　　　　　（1歳1か月）

伝い歩きの時期、ベンチにつかまり伝い歩きをする2人。隣りのベンチにハイハイで移動します。　（12か月、9か月）

階段を上り下りする友だちを見て「僕もやりたいよ〜!!」と興味津々。　（12か月）

シートに座っている2人。ハイハイで動き出そうとするかたわらで、足に被さっていたモノ（靴下）を取り外しています。　（10か月、11か月）

スロープを走っている1歳児を見て「僕も!!」と走ります。いつの間にか先頭が逆転です。　（1歳4か月）

環境・物

煉瓦の石畳	足触りもよく、歩くにもハイハイするにも格好の素材。
スロープ・階段	楽しみながら足を上げて、ほどよい運動になります。
ベンチ	子どもの背丈にちょうどよい高さ。木製のため、手触りもいいです。

Memo（散歩のポイント）

✓ 同じ場所に行くことで、気づきがいっぱい。遊びの充実につながります。
前日のことを覚えていたり、新たに発見したりと、小さな学びがあります。

✓ お気に入りの場所を、子どもたちと一緒に見つけるといいですね。

6

自然に包まれて

落ち葉や花、小さな虫、土などに直接触れることができる場所で、ゆっくりとした時間を過ごすと、子どもたちはさまざまなことを感じ取るでしょう。

特に広いスペースでなくても、自然の中で過ごすと感じ取ることはたくさんあります。保育者もまた、子どもとともに、五感を通して感じましょう。

イチョウの葉が絨毯のように落ちていました。子どもたちはふかふかの葉っぱを手に抱えて、まずはパラパラッと落とします。笑い声と笑い顔が同時に溢れ出します。イチョウの葉っぱの中に座り込む子どももいます。子どもたちの歓声が響き渡ります。　　　　　　　　　　　　　（1歳7か月、1歳3か月）

土山に四つ這いで登っています。土に埋まっている石や枝などを見つけると、掘り出すためにいったん停止していました。
（1歳5か月、1歳2か月）

タンポポに気づき、手を伸ばします。隣りの子どもも気がついたようです。　（10か月）

水たまりに遭遇

土山の上でベンチを発見。「これは何？」探索が始まります。
（1歳3か月、1歳2か月）

小さなお家に入ろうと、たくましく段差を登っていきます。
（1歳2か月、1歳5か月、1歳3か月）

準備物

レジャーシート	座ったり寝転んだりする時に便利です。
タオル、ティッシュ ウェットティッシュ	汚れた時にすぐきれいにできるものが手元にあると、慌てずにすみます。
ビニール袋	子どもたちの集めたもの、虫、汚れ物、ゴミなど何でも入れられます。
救急セット、携帯電話、紙おむつ、着替え一式、おんぶひも	

Memo

- ✓ 子どもたちが見つけた小さな出会いを大切にします。
- ✓ 手で触れてにおいをかいで感じることを楽しみます。保育者も一緒に感じましょう。
- ✓ 自然の中で聞こえる音や感触を大切にします。

①

食事・睡眠

0歳児にとって、食事と睡眠は生活の中で切り離せない大切なものです。食事も睡眠も一緒にいる保育者と信頼関係が基盤になります。

子どもの声（泣き声）や表情、仕草を丁寧に読み取り感じながらかかわり、家庭での様子を共有しながら、保護者との信頼関係を構築することも必要です。

この場所、この保育者は安心できると感じられた時、居心地の良さを感じた時、食事も進み、深い眠りが得られていくようです。

「自分で食べたい！」「スプーンを使いたい！」と意欲的な子どもたちは、いつのまにか上手にスプーンを持ち、口に運んで食べるようになりました。お皿を目の前に並べて置くと、自分が食べたいものを指さしたり、遠くのお皿に手を伸ばしたりします。　　　　　　　　（1歳6か月、1歳3か月）

保育者の膝の上で離乳食を食べます。
（9か月）

自分でコップを持って牛乳を飲んでいます。
（1歳3か月、1歳1か月）

エプロンだって自分で！（1歳）

自分で食べたい。　　（1歳0か月）

スプーンを使ったり、手を使ったりして自分で食べています。

食事時のポイント

✓ 手で食べる時期は、保育者が持たせるのではなく、自分から取るまで待ちます。子どもが食べたくない表情、拒否をする時は、その気持ちを尊重します。

人の気配や泣き声、話し声に敏感な時は、隣の布団と離したり、せきこむ子どもには薄い布団を下に入れて上半身を高めにします。

ときどき寝返りを打った時にこういう姿も見られますが、そっとあお向けにします。

睡眠時のポイント

✓ 「遊ぶ、食べる、眠る」一人ひとりの生活のリズムを大事にすると、機嫌よく意欲的に過ごせます。そのための保育の工夫をしたいですね。

食具

自分で食べるようになったら、持ちやすいスプーン、立ち上がりのあるすくいやすいお皿を使います。

2

着替え

毎日の生活で服を脱いだり着ることを繰り返していると、「自分でやってみたい」「次はこうするんでしょ」という顔や動きをするようになります。
そんな子どもたちの姿を受け止め「着替えをしてさっぱりしたね！靴下をはいて温かいね」と言葉をかけながら、心地良さを感じる体験を大切に積み重ねていきます。

テラスでもくもくと靴下を履いています。見ているほうも息を飲んでしまうぐらい真剣です。
（1歳5か月）

保育者が手伝って…、顔が出て大笑い。

友だちが自分で靴下を履こうとしているのを見て、いよいよ「僕も！」と、見よう見まねで靴下をあてがっています。
（1歳4か月）

帽子をしまってある場所を見つけて「散歩に行こうよ」と催促するかのように、自分で帽子をかぶりました。まだ散歩に行かないと知っても、帽子をかぶったまま遊び始めます。

おむつを替えた後、「自分で！」と言ってズボンをはいています。

衣類の置き方

靴下入れ	個人のマークをつけてわかりやすいようにしていますが、子どもたちはちゃんと自分の靴下を知っています。
帽子・上着入れ	専用のかごを用意しています。その中から、子どもたちが自分で取り出します。
着替えかご	トイレに個人のおむつと着替えを入れるかごを設置しています。
ロッカー	予備の着替えなどを入れる場所です。

Memo

✓ 衣服を着替える場所を緩やかに決めています。
毎日同じ場所で着替えていると、子どもたちもココが着替える場所と思うようです。

1歳児の遊びと生活

１

出会いの季節

新しい友だちや大人、新しい生活の場、4月は出会いの季節です。感じ方や表し方は一人ひとり違いますが、進級した子どもたちも新入園の子どもたちも、泣いたり、表情がこわばっていたり、何だかそわそわしたり…それぞれに環境の変化を感じている姿があります。

新しい場が安心する居場所になっていけるようにと願い、一緒に過ごしていく中で、少しずつ気持ちがほぐれ、笑顔をたくさん見せてくれるようになっていきます。

これまで一緒に過ごしていた保育者に出会い、そばに行きます。「くるみさん（1歳児クラス）になったのね」とやさしく声をかけられ、ほほ笑みあう子どもたちと保育者。自分たちより小さな人たちにも興味津々です。少し遠くからその様子を見つめている子どももいました。このようなかかわりを通して、戸惑う気持ちもありながら、大きくなったことを感じているのでしょう。

「これは何だろう？」新しい場所に緊張しながらも、
気になる物を見つけて手を伸ばしていきます。

他のクラスの担任に甘えて、膝に座ります。
ここはどんな場所なのかを感じているようです。

新入園児は、初めての環境に大泣きで
したが、外へ出ると涙がとまりました。
保育者にしがみつきながらも、周りの様
子をじっと見ています。保育者はその
姿に気づき、抱っこしながら、さり気な
く他の子どもと遊びます。そうしなが
ら、少しずつ"何だか楽しそう、触れて
みたい"という気持ちが芽生えていくよ
うです。

環境構成のワンポイント

●新しい場がほっとできる場所になるように！

・ゆったりとした時間の流れを大切にする。
・前年度に使っていた玩具も使えるようにする。
・保育者はあまり動きすぎない。
・保育者間の連携が大切。大人の声の大きさや言葉のトーン、
　テンポにも配慮する。

●保護者と丁寧に様子を伝え合う

保護者も不安になりやすい時期。保護者の不安は子どもにも伝
わります。子どもの様子を伝え合いながら、保護者とのコミュ
ニケーションを大事にします。

Memo

✓ 担任だけでなく、これまで一緒に過
ごしていた保育者や他クラスの保育
者も受け止めると、安心な気持ちに
なります。

✓ 新しい場でも、心動かされるものが
あると触れてみたくなり、そこから
気持ちがほぐれていくきっかけに。
子どもたちが遊び出すきっかけを、
さり気なく作りましょう。

2

ゆったりと くつろげる 空間

絵本コーナーにじゅうたんと畳を敷きました。絵本を読みながら、くつろげる空間となっているようです。

前年はじゅうたんの上にソファを置き、ゆったりと過ごす子どもたちの姿が見られましたが、今年はソファを新しく作る余裕がなく、この環境を用意しました。

子どもたちは予想以上にリラックスして過ごしています。少人数でくつろげる場を大切にしたいですね。

「ばったくん」という絵本を見ていると、もう1人寄って来て、隣に座りました。「ぴょん　ぴょん　ぴょーん」と、絵本のフレーズを声に出して読んでいます。2人で思わず笑顔になります。

「読んで〜」と保育者に甘えて絵本を持ってきたり、好きな本を選んで自分で読んだりしています。ゆったりとかかわれる空間となっています。

絵本と同じ表紙のものを、本棚に貼り付けています。絵合わせ遊びのように、「これとこれ、おんなじ」と言いながら、所定の場所に片づけています。

環境構成のワンポイント

●ゆったりできる場所

壁際などの隅に空間を作ると、ゆったりできます。ソファや移動できる囲いがあると、さらに落ち着いて過ごせます。

●絵本の置き方

表紙を前向きに置ける棚は、子どもがわかりやすいです。表紙と同じ柄のもの（コピーなど）を貼り付けると、片づけも遊び感覚で楽しめます。

Memo

✓ 前年度、0歳児クラスで使っていたL型の囲いも一緒に進級し、1歳児クラスでも使っています。なじみのあるものがあると落ち着くようです。

✓ 絵本は、毎回すべて入れ替えるのではなく、好きなものを数冊残しながら入れ替えます。

3

笑顔が
いっぱい！

新しい環境での生活にも慣れてくると、それぞれに、好きな場所や好きな遊びがみつかってきます。園の中の安全基地である保育室を、自分たちの場所として親しんでいく子どもたちです。

そこには、遊びたくなる気分、ゆっくり落ち着く雰囲気、清潔で安心な環境などがあるように思います。居心地のよい保育室で過ごす中で「このおへや好き！」という気持ちが育ち、思わず笑顔が広がります。

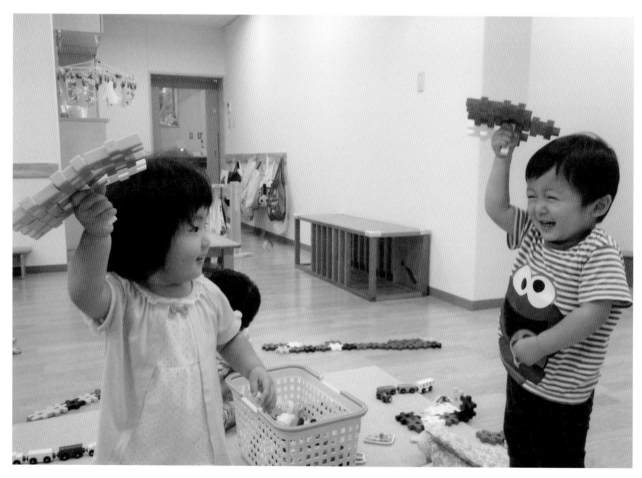

雨が続いた日、ブロックで傘ができました。自分で作ったものが遊びの道具になるのは嬉しいようです。高く手を上げて、「あめだよ！」「あめ！」と笑い合っています。

鏡の前に立つと同じ表情をするだけでうれしいのです。
まねっこ顔をして笑っています。

ぬいぐるみを寝かしていたら、2人もごろんと横になりました。

ままごとコーナーにて。丸いテーブルの周りに何となく集まってきた子どもたち。それがうれしいみたいです。

絵本を持っていろいろな場所で見ています。大好きなおいしい絵本を見ながら、思わずパクパク！

散歩に出かける前に靴下を履きます。
自分の靴下を履いたら、友だちの靴下も履かせてあげたくなって…。履かせてもらいながら、くすぐったそうに笑っています。

Memo

✓ 機嫌よく過ごすには、ちょうどよい生活のリズムが必要。散歩に出かけておいしくご飯を食べて、ゆっくり眠って…、という流れが心地よく進んでいくようにします。

✓ ちょっとしたことで笑いが生まれます。笑顔は伝染します。保育者もたくさん笑いましょう！

4

廊下で遊ぶ

本園では1歳児と2歳児がワンフロアで過ごし、食べる、眠る、遊ぶという暮らしをしています。そのため、雨の日に過ごす場、午睡の後に過ごす場として、1階の廊下を活用しています。
時には0〜2歳児が身体を動かしたり、絵本を読んだりと、さまざまな場として活用しています。

午睡から目覚めた子どもたちは、布団の中で待つことなく、絵本を見たりしながら廊下で過ごします。人数が増えてきたら、ブロックなどのおもちゃを出していきます。

雨の日には手づくりのぶら下がり棒と、ジャンピングマットを組み合わせて遊びます。

たたんだマットの上にもう1枚マットを重ねると、ちょうどよい山ができます。

新聞を破いて散らして遊び、片づけはごみ収集車になっていくつかの袋の中に入れます。片づけも遊びにしましょう。大きなビニール袋は、ボールのように遊ぶこともできます。袋にかわいいオバケの絵を描いたら、子どもたちは大喜びです。

脚で蹴って進みます。廊下では、距離を決めて「ここまでね」と目印を決めましょう。

透明ビニールを固定してその下をくぐります。外から見えるので安心です。ビニールに丸シールを貼ったり、色ビニールにしたり、子どもたちと作ってトンネルにするのも面白いです。

環境構成のワンポイント

●廊下

通常の状態です。安全管理上、物を置いたままにせず、遊び終わったら片づけます。

Memo

✓ 狭い廊下でもできる遊びを考え、安全を保ちながら子どもと一緒に楽しみます。

✓ 園の中で利用できる空間はまだないかな？時間帯で使える場はないかな？探してみると見つかるかもしれません。

1

どんどん
運んでいたら…

歩行が安定してくると、坂道や段差の上り下りなど、全身を使って遊びたい気持ちが高まります。コンテナや木の板は、使い方次第でアスレチックのようにして遊べたり、ままごとの場になったりと、自由自在に遊び場をつくることができます。初めは大人がしつらえていましたが、次第に子どもたちが自分で場を作り、遊ぶようになりました。 子どもたちの"こんなことをしてみたい"という気持ちを大切に、見守り支えます。

1人の子どもが黄色いビールケースを運ぶと、その姿に気づいた他の子どもも運び始め、気がついたらこんなに！その上を歩き、少し高いところは「一緒にしよう」と、保育者に手を差し出しています。さらに坂道をつなげようとしている子どももいます。

運ぶのには力が必要です。"大きくて重い"ことも魅力的。自分でやってみたい意欲がかきたてられるようです。

ある時はテーブルや椅子になり、ままごとの場になっています。空いているスペースを指し、「となりに座って」と、友だちとのやりとりが生まれます。

何度も遊んでいるうちに、組み合わせも複雑になっていきました。誰かが始めると、楽しそうな姿に子どもたちが集まってきます。

室内でも、牛乳パックで作った椅子を使って、同じように遊び始めました。

環境構成のワンポイント

● 全身を使って遊びたい気持ちを満たすように

身体を使って遊びたい気持ちを受け止めつつ、安全にその気持ちを満たせる環境づくりを心がけます。

● 不要になった板やコンテナなどを活用して

アイデア次第で、意外な物が豊かな遊びにつながります。子どもたちが自由に使えることがポイントです。

Memo

✓ 初めは保育者がさり気なく置き、遊びのきっかけを作ります。

✓ 子どもたちだけでは組み合わせが不安定だったり、遊んでいる時に土台がずれたり、バランスを崩すこともあるので、安全に遊べるようにそばで見守ったり、少し整えたりします。

2 自然の中でなりきって遊ぶ

全身運動が活発となり、つもりになって遊ぶ楽しさも味わうようになった子どもたち。どのような場でも、すぐに何かになって遊び出します。

保育者は、子どもたちのイメージを大切に、自然の中で十分に身体を動かすことを見守り、一緒に身体を動かして遊び、楽しさを広げていきます。

草むらに寝転んでは起きて、起きてはまた寝転んで、「お風呂」「お風呂」と楽しんでいました。
「あったかーい」「あたまをあらおっかな」と話しています。草むらの感触、陽だまりの気持ちよさ
など、いろいろなことを感じながら、身体と心を解放しているようです。

「おさるさーん」とロープにぶら下がりつぶやく子どもたち。ぶら下がることからおさるさんをイメージしたようです。

木につかまっているだけですが、「木登りしてる！」と子どもたち。同じようにしたくなって集まってきた子どもたちの中から「アイ、アイ」の歌声が飛び出してきました。

環境構成のワンポイント

●ちょうどよい背丈の草

子どもが寝転んでも痛くない草原は、うれしい遊び場になります。

●ちょうどよい背丈の低木

高すぎず、誰でもしがみつくことのできる木は、子どもたちに大人気です。

●日向と日陰

陽の差し込み具合によって温度差や明るさの違いが、イメージをかき立てます。

●日々歌い、楽しんでいる童謡

ごっこ遊びと歌がつながると、楽しさが広がります。

横歩きをしながら「かにかにかに〜」と、カニになりきり遊び始めました。腹這いになり「すいすいさかな〜」その姿に友だちも腹這いになり、「おさかな〜」と続きます。今度は「にょろにょろヘビ」変身しながら遊びが続いていきました。

遊びとつながると楽しい歌

♫アイアイ 　　　　♫おはながわらった
♪どんぐりころころ 　♪やまのおんがくか
♫鳩 　　　　　　　　♫手をつなごう
♪靴が鳴る

3

小さな発見を感じ合う

単語がポツポツと出ている子どももいれば、「ああ」「あ〜」という声と仕草で表そうとしている子どももいます。いろいろな状態の子どもたちですが、子ども同士はなぜか互いに理解しあっているように見えます。

子どもたちが相手の思いを一緒に感じようとするように、保育者も仕草や表情を通して感じ合うことを大切に、じっと見る、感じるという体験を支えています。

地面の上にダンゴ虫がいた！1人の子どもが見つけてしゃがみ込み、ダンゴムシに指先を近づけました。そばにいた友だちも同じようにしゃがみ込み、ダンゴムシを触ろうとしているのをじっと見つめています。

ホースを見つけ、持ち上げていろいろ試していると、他の子どもが満面の笑みで近づいてきて、そばに座り込むと、興味津々に見ています。

「はっぱあった」「いっぱいあった」と言いながら、お散歩バッグに落ち葉を入れていきます。

通路で干からびたミミズを見つけました。2人とも座りこんで、静かに見ています。

風が吹いて葉が舞ったり、髪の毛がなびいたり、帽子が飛ばされたりする中、「わー」と言いながら、風を感じる子どもたち。

小さな発見を支えるお散歩バッグ（作り方）

チャック付きのビニール袋にリボンをつけています。透明なので、中に入ったものがよく見えます。

Memo

✓ 何かを見つけたら、子どもは動かなくなります。その時、いっぱい感じているので、しばらく見守りましょう。

✓ 子どもたちが何を感じているのかをわかろうとする保育者の気持ちが大切です。

4

何気ない場所が遊びの場に

マンホールや縁石、テーブル、ベンチ等、何気ないものが近くにあると、イメージが湧いてくるのでしょうか、これらを使って遊びを始める姿が多く見られます。

１人の発想から、近くにいた友だちが見ておもしろそうだな、という気持ちで隣に寄り添い、少しずつ友だちが集まり始めます。

マンホールは、大きなお鍋や鉄板のイメージが湧くのでしょうか。「おいしいよ」「もうできたかな」とさかんに言葉を交わしながら、遊んでいます。子どもたちの大好きな場所の1つです。

「いらっしゃいませ〜」と声が聞こえて
きます。摘んできた草花を台に並べて、
お店屋さんを始めたようです。

縁石に1人が座ると、次々と増え、電車ごっこが始まりました。「ガタゴ
トー」と言いながら、先頭の子どもが足で漕いで進み始めました。すると、
後ろに座っていた子どもたちも同じように進み始めます。

環境構成のワンポイント

● マンホール
● 縁石

子どもたちが見つけ
た場。丸い形がおな
べのイメージをかき
立てます。

● 近くにある
　石・草・砂

その場に落ちている
もの。自由に拾って
遊びに活かしていき
ます。

● 木のお家

保護者と一緒に作り
上げたもの。壁がな
いので四方から入る
ことができます。

「お金くださーい」「はいどうぞ！」。買い物にはお
金が必要だと感じたのでしょう。葉っぱや石、どん
ぐり等がお金になったり、食べ物になったり。いろ
いろな見立て遊びに使われます。

Memo

✓ 今ここにあるものに少しだけプラスすると、
　遊びが豊かになっていきます。

✓ 保育者がイメージを先回りした言葉かけをし
　ないよう、心がけましょう。

第3章　1歳児の遊びと生活

5

あれは何？ 思わず 走り出す

子どもたちは、自分の目に映ったものに興味や関心をもつと、走り出していきます。車の往来を気にしないでいられる場所に出かけたら、子どもたちの興味に応じて過ごしたいものです。

子どもたちが何に心を動かされたのか、何をやろうとしているのかと、保育者も心を動かされながら見届けます。子どもたちが味わっているものを一緒に楽しみ、味わう援助を重ねていきます。

園生活にも慣れ、散歩に出かけることを楽しむようになった頃。舞い降りてきたハトを見つけて捕まえようと、両手を広げて追いかけました。ハトは捕まるまいと必死で飛び立ちます。こちら側から来た子どもと向こう側の子どもと、それぞれに笑顔いっぱいで走り出します。

広い場所に着くと走り出す子どもたち。1人がチョウを見つけると、他の子たちも追います。足元にまとわりつく草花を気にすることなく、全力で駆けていきます。

散歩の帰り道、水たまりを見つけると、まずは思いきり、しかも豪快に走り込んでみます。ふと足元の水しぶきや波紋に気づき、じっと見つめます。

環境構成のワンポイント

安心できる場所	繰り返し行くことで安心感を抱き、子どもは動き出します。
見通しのいい場所	広々として見通しのいい場所に行くと、身体がうずうずしてきます。
動きを誘うモノ	ハトやチョウ、トンボなど動く生き物は子どもの動きを誘います。

チャンスを見逃さないために、保育者もワクワク過ごしましょう。

落ち葉の季節、樹木から舞う葉に目を奪われ、子どもたちは走ります。乾いた落ち葉はザクザクと音がします。雨上がりは歩いても音はしませんが、においがします。お気に入りの葉を見つけたり、大きい葉、小さい葉に気づきます。

散歩時の保育者の持ち物

- ●ビニール袋（汚れもの・自然物を見つけた時の物入れ）
- ●着替えセット
- ●救急セット
- ●ティッシュペーパー
- ●タオル
- ●冷却パック
- ●保存水
- ●携帯電話
- ●カメラ

ボールを持っていくこともあります。

Memo

✓ 駆け出すスピードもタイミングも人それぞれ。子どもは友だちと手をつないで走りたがることがありますが、手は離して走ったほうが安全です。

✓ 雨上りの水たまりは、天からのプレゼント。濡れたら着替えれば大丈夫！楽しいですよ。

1 手・指先を使ってじっくりと

いろいろなものに手を伸ばし、叩いたり振ったり、引っ張ったり口に入れたりして、子どもたちは「そのもの」を確かめています。物と出会い、物を確かめていく動きの中に「探索」の芽があります。

物との出会い方や感じ方は一人ひとり違います。その姿を大切に見守り、共感的な援助を重ねていきます。経験を重ねていくにつれて、遊び方が変わっていく姿を大切に受け止めます。

散歩先から持って帰った松葉を、砂を入れたカップに差し込もうと、がんばっています。ロウソクのイメージなのでしょうか。何度か試みますがうまく立ちません。両手を使って丹念に、最後は両側から支えて立たせていました。

動物の顔の向きまで丁寧に置いていく姿がありました。しばらくの間、没頭して遊んでいました。遊びきった感覚があったのか、満足すると片づけも丁寧にしていました。

積み木をひたすら並べて、その上に動物の積み木を1つずつ乗せます。1人でじっくりと、自分なりのルールをもって並べています。並べ終わると、同じ目線でそれらを見ます。どんな気持ちでいるのでしょう。

型に砂を入れ、手でぎゅっと押し、砂場に型抜きをしました。葉っぱや花を摘んでくると、細かくちぎり、型抜きをした上に飾ります。

ひとかけらずつ、考えながら置いています。いつもは型抜きをすると、崩すことを楽しむ姿が多くありましたが、今回は崩さずそのままにして、他の遊びに移っていきました。

環境構成のワンポイント

●遊び込める場の保障

集中してじっくり遊び込んでいる時は、妨げられないように、そっと周りの環境を整えています。遊びのきりを大切に、可能な限り、大人が一方的にすぐに終わりにせずに、時間にゆとりをもつようにしています。

●次につながる終わり方

どうしてもおしまいにしなければならない時は、続きができるように、次への期待がもてる支えを心がけます。

Memo

✓ 指先の発達は幼児の成長に欠かせません。いろいろ触って感じる日々を大切にしましょう。

✓ 子どもが夢中になって遊ぶ時は、その姿をそっと見守ります。じっくり遊び込める場が必要です。

2

自分の思いを形にする

手指の動きが発達してきて、見立てて遊ぶ姿が出てくる頃、子どもたちは、組み合わせ次第で何にでもなっていくブロックや積み木を使い、豊かな発想で遊び始めます。

偶然できた形からイメージが膨らんだり、作りたい物を思い描きながら構成したりと、じっくり遊んでいます。子どもたちがイメージを膨らませて、存分に遊べる環境づくりをしています。

2歳児クラスの友だちが遊ぶ姿をよく見ていた1歳児クラスのAちゃん。そこから、同じように自分でもしてみようと遊び始めたようです。丸いパーツを軸にはめ、差し込み連ねていきます。根気のいる作業を黙々と繰り返していました。どうやら電車をイメージしていた様子。完成すると、うれしそうに走らせて遊び始めました。

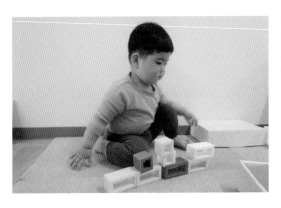

4月当初は、子どもたちが扱いやすい形を用意しました。

9月頃、子どもたちの遊びの様子を見て、数や形の種類を増やしました。

保育者と一緒に井形ブロックで乗り物を作ると、今度はコルク積み木を並べ、その上を走らせます。種類の違うおもちゃを組み合わせて遊ぶ姿が見られるようになりました。真剣な表情で遊んでいます。

10月頃になると、1人でじっくり遊ぶ姿から、友だちと共有して一緒に遊ぶ姿が見られました。楽しい、面白いという気持ちが膨らんでいく様子を感じます。

環境構成のワンポイント

●出しやすく、片づけやすい入れ物

自分たちで扱いやすいように、玩具の分量に応じた、ゆとりがある入れ物を用意します。

●組み合わせて遊べる玩具を同じ棚に配置する

異なる玩具を組み合わせて遊ぶ面白さに気づけるよう、玩具を配置します。

 →

Memo

✓ 子どもの発達に応じた、扱いやすい玩具を用意します。出す量や形も調整します。

✓ 子どもの今の姿をよく見て、少し先の姿を考え、発達に応じた玩具を設えることを心がけます。

③

面白いもの、見つけた！

子どもたちは豊かな感性で、楽しい遊びをみつけます。

ある日、園庭の奥に置いてあった水遊び用のタライを見つけました。面白いものがあった！とばかりに両手で抱えて運びます。逆さにして叩くといい音が聞こえてくることを発見したり、何も入っていないタライに入ってみたりと、いろいろ試して遊んでいきます。

少し大きなものを運べることも楽しい様子。わくわくする気持ちから楽しさが広がっていきました。

これまでは抱えたり、引きずって運んでいましたが、転がすと運びやすいことを発見しました。しかし、まっすぐには進みません。斜めに転がるタライに合わせて、身体の向きも傾いています。それも何だかおもしろくて、顔がほころんでいました。

スコップを使い、太鼓のように
して叩きます。

タライをきっかけに他の物も叩いて、
音の違いを探して遊び始めました。

暑い時期は、水を入れて遊んでいます。
砂を入れて泥になったり、カップにす
くったり、かき混ぜて感触を楽しんだり
と、思い思いに遊んでいます。

楽しそうな姿に、子どもたちが1人また1人と増えていきました。じっくり座
り込んだり、友だちと一緒に入ることが楽しかったり…顔を見合わせ笑い合
い、笑顔が広がります。

「おふろだよー」と裸足になり、帽
子も脱いで中に入ります。お風呂
や乗り物など、身近なものに見立
てて遊ぶ姿も増えてきました。

環境構成のワンポイント

●大きさや種類の違うタライ

素材やサイズの違うものがあることで、遊びが広がります。

Memo

✓ 水遊び用に用意したタライですが、
子どもたちの姿から、水遊びだけの
ものではないことに気づきました。
固定概念にとらわれず、柔軟な思考
を大事にしていきたいですね。

4

水・影・落ち葉

水を入れることで変化する砂は、1歳児にとって不思議な素材です。どろんこ遊びを始めた頃は、そっと触れる子ども、足を入れてその泥水のしぶきで驚く子どもとさまざまですが、遊びを重ねるとかかわり方も変わり、大胆になったり、道具を使って楽しめようになります。

どろんこが好きな子どももいれば、どろんこが苦手な子どももいるので、自分からかかわるように待つことを大切にしたいです。

どろんこで遊び出したばかりの1歳児です。3人がそれぞれ違った感じ方をしているようです。周りにおもちゃがあっても見向きもせず、泥水の感触に興味をもち、その不思議さや気持ちよさを手足で感じ、探求しているようにも見えます。

1人より2人が楽しい。バシャバシャの音がうれしくて足を高く上げ、音も心も響き合っているようです。こんな時は2人の世界をそっと見守ります。

落ち葉に触れて歩くと、季節を感じます。足元の「カサカサ」、手に触れる「パリパリ」など、感じている姿をそっと言葉にして伝えます。

自分が動くと黒いものが動いた！自分の影を見つけました。不思議で面白くて、子どもたちは「おーい」と声を出しました。保育者も一緒に「おーい」と楽しみます。

環境構成のワンポイント

● どろんこ遊び

どろんこ遊びが嫌いな子どもには無理をさせず、自分からかかわるまで待ちましょう。小さなバケツは1歳児には使いやすく、持ち歩いて遊ぶにはちょうどいいです。

● 季節を感じる場所

石、草花、落ち葉、樹木や柿の実など色づく変化がわかる公園や路地など、季節の変化を身体で感じながら、保育者が言葉にして伝えましょう。

Memo

✓ 水・影・落ち葉は、どれも季節を感じるものです。雨上がりに少しだけ外に出て、小さな自然の変化を見つけましょう。

✓ どろんこを嫌がる保護者もいるので、汚れてもいい服をお願いしましょう。

1

押して、運んで、乗ってみて

子どもたちは、押したり運んだりすることが大好きです。おもちゃを乗せたり、高く積んでみたり、時にはお友だちを乗せてみたりとさまざまです。「おも〜い」と言いながらも、押しています。重みがあることも、楽しめるポイントかもしれません。子どもたちが心から楽しんで遊べること・ものは何だろうと考えていきましょう。

「私、押してあげる」と両手で押し、お出かけごっこも同じものを持って出かけます。椅子に座っている子どもも協力的で、押すリズムに合わせて足で漕いで進みます。

おもちゃを積み上げて、たくさん積み上がったことを喜びます。落ちないように気をつけながらゆっくりと進み、「バイバーイ」と出かけていきました。

長方形の椅子は、つなげて並べて一本橋になりました。渡って楽しんでいます。

架空の荷物を、重いつもりで「よいしょ」のかけ声とともに椅子に載せました。

荷物を載せたつもりで慎重に椅子を押しています。

友だちを乗せると、重いけれど「よいしょ、よいしょ」と声を出し、踏ん張りながら一生懸命に押しています。友だちが大変そうなのを察し、椅子に座っている子どもたちも、何気なく足で漕いで協力しています。

Memo

✓ 椅子として使わなくても、子どもの発想を大切に遊びを見守ります。

✓ 積みすぎて危ないから…と止める前に、押している子どもの気持ちを応援して、落ちないようにそっと手を添える、なんていうのもいいですね。

✓ 取り外しが可能なものにすると、洗濯して長く使えます。

✓ L字や長方形など、違った種類があると、遊びの幅も広がります。

2 チェーンリングで遊ぶ

やりたいことが見つかった子どもたちは、思い思いに遊び始めます。同じおもちゃでも、遊び方は一人ひとり違い、その発想に感心させられます。子どもたちが始めた遊びを、大切に見守ります。どうやったらうまくいくかなと、自分で考えて試している時こそ、学びがあります。大事にしたいです。

遊べるように適当な長さにつないだチェーンリングを、足の先から順番に積み上げています。「いっぱい、いっぱい」とつぶやきながらていねいに積み重ね、崩れてもくじけることなく、再び「いっぱい、いっぱい」と言い続けて、自分の足に積み上げていました。

机の上で長いチェーンを容器に入れるのは難しい。狙いを定めて手を動かしています。表情は真剣そのもの。

チェーンリングを一度にたくさんつかみ、口の小さな容器に入れようとしますが、なかなか入りません。すると、たくさん持つことをあきらめ、数本にしました。それでも入らないので、1本ずつ入れていくようになりました。

ままごとの具材として見立て遊びをし、混ぜた時の音を楽しんでいます。食べる姿は、本当の食事と同じようです。そのものになりきって、遊びの世界を楽しんでいます。

環境構成のワンポイント

●さまざまな容器
容器の口が大きいもの、小さいものの両方を用意すると、自分で試すことができます。また、透明で中身がよく見えるものは、外側から見た色合いも楽しめます。

●つなげ方、つなげる長さ
チェーンリングの誤飲などの事故を防ぐために、2つずつかみ合わせ、取れにくくしています。短いものから長いものまで、長さもいろいろと用意します。

Memo

✓ 子どもたちの興味に合わせたおもちゃを用意し、じっくりと試せる場を保障することが大切です。

✓ 自分で考えて試している時は、声をかけずに見守ります。

3

ぬいぐるみを
大切にする

身近なことを遊びにつなげ、ぬいぐるみをやさしく抱っこしたり、子守唄を歌って寝かしつけたりしながら、とても大切にしている子どもたちの姿があります。

「大事にしてね」という言葉をかけなくても、ちょっとした空間や小物があって、大切にしている雰囲気が感じられたり、大切にかかわっている保育者の姿があると、遊び方が変わります。

畳の上にぬいぐるみを寝かせたり、ぬいぐるみを抱っこしたり、それぞれ違いますが、一緒に遊びながらぬいぐるみを大切にしている気持は同じです。ここは絵本コーナーですが、子どもたちはこの場所が大好きなようです。

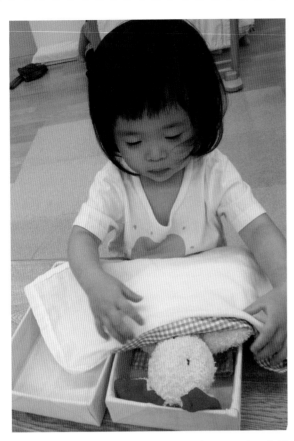

おんぶひもとぬいぐるみを自分で持ってきて、抱っこもおんぶもしたいと訴えてきたので、保育者が結びました。あちこちお出かけして、忙しいお母さんのようです。

ベッドにぬいぐるみを寝かせています。口元まで布団がかかってしまうと、苦しいかな、と思うのでしょうか。そっとずらし、口が見えるようにしてあげていました。

ぬいぐるみを抱っこし、「♪ゆーりかごーのうーたを〜」と、子守唄を歌いながら横に揺れています。抱きしめる手にやさしさが込められています。友だちと一緒にできることがうれしくて仕方ない様子です。

環境構成のワンポイント

● **ホッと一息つける場所**

じゅうたんや畳があると、思わず座りたくなるようで、くつろいでいる姿が見られます。

● **ベッドや布団、おんぶひも**

・ベッドは、ちょうどよい大きさの箱に布を貼り付けたものです。
・布団と決めず、いろいろな大きさや素材の布を用意すると、子どもは自分で選んで使っています。
・おんぶひもは、身体の大きさに関係なく使えるように、単純なつくりで、ひもを結ぶことで調節できるように作っています。

Memo

✓ ぬいぐるみとセットで遊べるベッドや布団などがあると、イメージが広がります。

✓ 大切にしようという気持ちにつながるようにと、願いを込めて、時には保育者が布団をかけています。

4

並べて、重ねて「いっぱーい」

屋外、室内関係なく、子どもたちは、並べて重ね
て遊ぶことが大好きです。「いっぱい」「たかい」
等のフレーズも好きで、遊びの中で「いっぱい」
「たかい」を見つけると、とても喜びます。
そんな子どもたちの大好きなことが集まっている
遊びです。思う存分楽しんでほしいです。

1つずつカップに砂を入れて「ケーキできた」。砂を入れてひっくり返して置いたので、
てっきりカップを取るのかと思いましたが、大人の勝手な固定観念でした。取らずにどん
どん並べていきます。砂場の縁までいくと、2列目に突入。並べる楽しさを味わっていた
ようです。

最初は座って真剣に積んでいきますが、途中から届かなくなり、立って積み始めました。「できた〜」とつぶやきながら、一つまた一つと、ていねいに重ねます。

ままごとでたくさんの食器を洗い始めました。洗い終えた食器は、重ねて積んでいます。家庭で洗っているのを見ていたのでしょうか。手つきも本格的でした。

2人で丸テーブルに木の絵カードをきれいに並べ、正方形ができあがりました。2人で拍手し、喜びを共感しています。

環境構成のワンポイント

● 並べたり、積んだりして満足できるおもちゃ

・積み重ねやすい物
・並べて楽しくなる木の絵カード

➡ 絵カードは、今の子どもたちが興味を示している絵が描いてあるものを選びます。

● 並べたり、積んだりして満足できるくらいのほどよい数

・いろいろな積み木

➡ 種類の違う積み木があると、同じものがたくさんなくても満足できます。

Memo

✓ 遊びと向き合い集中している時は、言葉をかけずに見守ります。

✓ 「できたよ、見てた?」という気持ちで、子どもがこちらを見た瞬間を見逃さず、しっかり応え、喜びを共感できるといいですね。

5

ままごと遊び

保育者と遊んだり1人で遊ぶことを楽しんでいた子どもたちですが、友だちとかかわりながら、応答的なやりとりを楽しむ姿が見られるようになってきました。家庭での経験も遊びの中で表現されて、豊かな楽しい時期です。

一方で、友だちとの思いの違いがあって泣いたり、相手の物がほしくて怒ることも出てきます。そんな子どもの姿を受け止めながら、自分で気持ちを立て直せるよう、丁寧にかかわっていきます。

積み木のように使えたら、と思って箱に布を貼って作りました。手づくりの箱を並べてテーブルにして、さまざまな器と食材に見立てた物を入れ、ままごとが始まりました。「甘いですよ」という言葉に、「甘くない、辛いの」という言葉が返ってきます。器の中の鮮やかな食材とスプーンの混ぜる音、その楽しさに他の子どもが寄ってきます。

ラップの芯を切ってフェルトを貼って作ったおもちゃです。色もきれいで、1人でケーキを作っていました。穴にチェーンを入れたり、他の物と組み合わせて遊んでいたりもします。

環境構成のワンポイント

●水ボトルは食紅で色をつける

水も多量、少量と変化させます。水を口いっぱい入れた物だけでなく、少し減らした物も作ってください。

水の音、水量の変化に気づきます。

口はボンドで止め、ビニールテープで止めます。定期的に安全を確認します。

ペットボトル透明、水は淡い色、オレンジ、うすい紫など。

小さく区切られた箱が並びました。道具をたくみに使いこなせるようになり、両手にスプーンを持ってチェーンを箱に移していきます。大きな器に移すときは、たくさんはさんでバサッと入れます。小さな区切られた箱に入れる時は、そっと移し、道具によって手をコントロールしています。

夏の頃の1歳児です。布を敷いてままごと。食材の中にブロックがあり、スプーンの上に載せて食べる真似をします。秋になると、ブロックは食材の中から消えて、本来の使い方になっていました。

Memo

✓ 食べる、眠るという、生活を再現するためには、モノが必要です。それを子どもたちの発想で、遊びに合わせて変化させている姿も大切にします。

6

布で遊ぶ

1歳児は隠れるのが大好きです。大好きな人がいなくなって不安だった0歳児の頃とは違って、自分自身が隠れてみたい！と思うようになっています。それでも、まだちょっとコワイ！という気持ちもありますが、透き通った布なら安心です。そんなドキドキ・ワクワクする遊びを保育者も一緒に楽しみます。

0歳児の頃からずっと遊んできたシフォン布です。1人が顔にかけると、まねをして2人、3人と増えます。向こう側が見えるので、おばけになって遊びます。

隠れているようで見えます。保育者の「あれ、どこにいるのかな？」この一言で嬉しくなります。

小さな布で鏡の掃除しています。大人の姿をよく見ています。

大きな布でおばけの家族のようです。みんなを脅かすわけでなく、後ろの押し入れがおばけたちの家になっていました。

牛乳パックの箱が枕になり、それぞれが好きな布を持ってきます。色も大きさもさまざまです。

環境構成のワンポイント

● 布のいろいろ

4月、0歳児クラスで遊んでいた布やおもちゃを1歳児クラスへ持っていきます。0歳児の頃と比べて、少し遊び方が違うようです。

Memo

✓ 時期を見て布を増やします。正方形の綿布を置いてみると、いろいろな使い方をしていました。子どもの様子を見て大きさ、数を考慮して出します。

✓ 床に落ちている布の上を歩くとすべって危険です。床に落ちたままにしないようにします。

1

食事と睡眠

本園には1歳、2歳の午睡専用の部屋はありません。そのため、1歳児室は食事の時間帯からはランチルームとなり、2歳児室は午睡室になります。少人数で安心できる大人と"食べたら眠る"生活をしています。成長に欠かせない大事な生活の時間を、ゆっくり丁寧に援助します。

子どもたちの生活リズムに合わせて、早めに食事をするグループと、登園時刻が遅くゆっくり食事をするグループなど、3つのグループに分かれて、時間差で食事、睡眠をとります。体調がすぐれない子どもは先のグループになったり、登園が遅くて眠れないだろうと思われる子どもは遅いグループに変更するなど、日によって柔軟に考えます。1グループ目が食事、2グループ目が食事の準備が始まり、遊んでいる子どもに声をかけると、手を洗ってテーブルにつき始めます。手前の空いている席は、2歳児のテーブルです。

1グループの子どもたちの食事

着替えの終わった子どもたちは3〜4人で食事をします。食事以外の子どもたちは、ゆっくり遊んで着替えたり、着替えてから遊んだりと時間差でテーブルに向かいます。

2グループの子どもたちの食事

ままごとで遊んでいた子どもは、自分から「食べる」と言い、手洗いに行きました。食事はイヤ！お絵かきがしたいという子どもに、保育者が「1枚描いたら食べようか」と伝え、クレヨンと紙1枚出しました。
丸をたくさん描いて満足した頃「そろそろ食べる？」と声をかけると、「うん」と言い、食事に向かいました。

3グループの子どもたちの食事

食べ終えた子どもたちは隣の午睡コーナーに移ります。その後、テーブルの上を整えて3グループ目の食事が始まります。この日、3グループは4名で食べました。

＊食事の空間と遊びが一緒ですが、お互いに気にすることなく過ごしています。あとのグループは静的な遊びをしていて、2つの場が保障されています。子どもが気にならないように、保育者の声を小さくするよう配慮しています。

保育者は初めに食べ終わった2〜3人と午睡コーナーに行きます。次の子どもたちは自分から布団に向かいます。

遊びの場が眠りの場に変わります。柔らかい色の布をおもちゃの棚にかけて、ロールカーテンを下げます。

3グループ目は他の子どもが食事をしている間、室内や廊下遊びます。午睡後、目覚めた子どもたちも廊下で遊びます。

環境構成のワンポイント

●子どもが食事に向き合う気持ち

お腹がすいた！早く食べたい！という気持ちだけでなく、もう少し遊びたい！という子どもの気持ちも大事にします。

●子どもの生活の流れと保育者の動線

手洗い、テーブルに着く、食べる、睡眠の場に行くなど、子どもが見通しをもてるようにします。子ども中心ですが、大人の動線も考えます。食事の時に大人が無駄な動きをせずに子どもの食事に向き合うことも必要ですね。

●睡眠の場をつくる

遊びの場が睡眠の場に変わるので、ロールカーテンを下げるなど安心して眠れる雰囲気を作ります。

2

着替えと身支度

身のまわりのことに興味を示し、友だちのまねを
しようとしたり、保育者の言葉かけでやってみよ
うとする気持ちが芽生え、いつの間にか「自分
で！」とやろうとします。

少人数で着替えることで、自分でやりたいことに
取り組んでいる様子をゆっくり見守ったり、手
伝ってほしいことを丁寧に援助したりすることが
できます。

自分で！と着替えをする時期は子どもによって違います。少人数での着替えをしていると、子どもの表
情や動きを見て自分でやりたいことと保育者の援助を必要とすることがわかります。「これは先生がやろ
うかな」「やってもいいかな」出来たことを認めながら一人ひとりの自分で！のペースを大事にしたいと
思います。時には「いやだ。遊びたい」とおもちゃを離さないこともありますが「まだ、遊びたいね。
ここに置いておこう」と自分の気持ちを受け止めてくれる保育者がいれば、着替えもスムーズです。

食事前の着替えは、保育者とかかわりながら着替える子ども、サッと着替えて次の生活の流れに向かう子どもとさまざまです。それぞれの「自分で」を見極めながら援助をします。

おやつの後は少人数ずつ園庭に行きます。ゆっくりおやつを食べる子ども、外に行くための身支度をしている子ども、室内で遊んでいる子どももいます。

テラスで身支度している友だちを待っているようでした。1人が園庭に出ると、慌てて靴箱から自分の靴を出しました。

身支度の援助をしながら、部屋の様子も気にします。「どうする？外に行く？」と、子どもの意思を尋ねます。

環境構成のワンポイント

● 保育者同士の連携

保育者はおやつの場、外に行く身支度、部屋の遊びを見守るなど、子どもの動きに合せた位置にいるようにします。1つの場に子どもの人数が多くなる場合は、声をかけ合い一緒に動くなど柔軟に動くことが必要です。

＊子ども自身が生活の流れを理解し、主体的に動き出すためには、室内の生活の動線、保育者の指示語でなく、応答的な言葉かけが大切です。

＊上着・靴下・帽子など、子どもが取りやすい工夫が大切です。

身支度を援助しながらも、園庭遊びの安全を見守ります。

実践にみる
環境構成の工夫

① ラフ・クルー烏山保育園（東京都世田谷区）
② 株式会社キッズコーポレーション
③ クオリスキッズ駒込保育園（東京都文京区）

子どもたちのための環境づくりへの挑戦
──ラフ・クルー烏山保育園

「誰にとっての環境なのか」を考えないと、子どもたちにとっては使いにくい環境となってしまいます。ラフ・クルー烏山保育園も、そうした失敗を経て、子ども主体の環境づくりに取り組んでいます。

保育者にとって都合の良い環境

　新年度、新担任の組み合わせとなり、保育者間のコミュニケーションがうまくとれないことから、子どもたちのけがやトラブルが絶えない日が増えていました。けがを防ぐために、少人数で保育してみよう、もともと変形して使いにくい保育室内を細かく仕切ってみようとなり、気がつくと保育者にとって都合の良い環境が作り上げられていたのです。

　その結果、ますますコミュニケーションがとりづらく、何よりも子どもたちが遊びを楽しんでいないように感じました。そこで、"何かを変えなくては"との思いから、保育環境の見直しに取り組むことになりました。

ワクワクするような環境を作ろう

　まず始めたことは、園内にあるおもちゃの見直しです。園内にあったすべてのおもちゃを写真に撮り、遊びの種類ごとに分けました。中には購入したものの、トラブルになってしまうから、また使い方によっては危ないのではと、出さなくなったおもちゃもありました。

　しかし、あくまで子どもたちが"どんなふうに遊んでいるのか"という視点で話し合い、登園してきたときにワクワクするような環境を作ろうということになりました。そして、今の子どもたちの姿や発達から「どのおもちゃを用意したらいい」か、それは「どんな環境であったら遊びが保障できるのか」を考え、細かく仕切られていた保育室内を開放してみることにしました。

過去の室内環境。保育室を細かく仕切ったものの、保育者にとっての環境づくりになっていました。

園内にあったすべてのおもちゃを写真に撮り、遊びの種類ごとに分けました。

汽車のおもちゃで飽きることなく遊び込みます。

　それまでけがが怖くて仕切っていたこともあり、その挑戦は保育者にとって勇気が必要でした。そんな時、新しい環境は保育にとって必要だったと答えを出してくれたのは、子どもたちです。遊びが見つからず走り回っていた子どもが、汽車のおもちゃで飽きることなく遊び込み、笑顔を見せる姿は、保育者全員の気持ちをも変えてくれました。

　その後、環境改善会議を開催し、より良い環境となるよう、保育者一人ひとりの感想、気づき、さらには今までの保育観から危険だと思ったこと、不安に感じたことなども含め、想いを話し合いました。

　その内容を大きな園内見取り図にして、どのような環境にしていきたいかを付箋で貼り、実際に園内を変えていったのです。

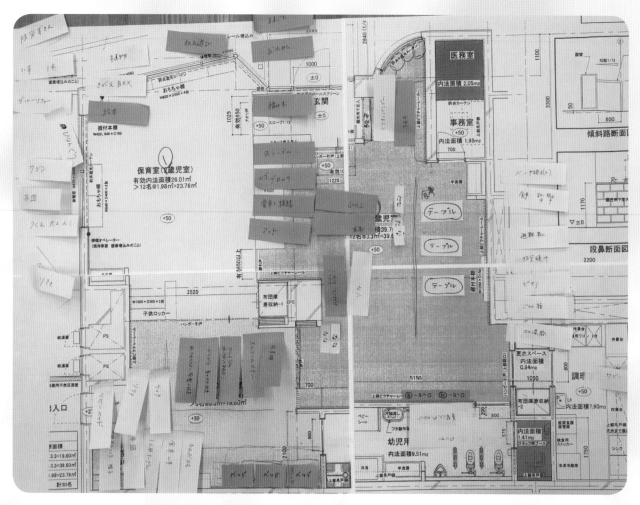

付箋を貼った園内の見取り図

　そのころから、保育者の都合ではなく、子どもたちのための環境という意識が一人ひとりに高まってきたように感じます。

　次第に、一度考えた環境設定は、のんびり構えていると子どもたちのやりたい気持ちや成長に置いていかれてしまうと気づきはじめました。そのつど、子どもたちが何をやりたいと思っているのかを考えるようになりました。移動時以外は閉じられていた引き戸は、少しずつ開放時間が長くなり、パーテーションは広く開かれ、担任クラス以外への保育者の出入りが増え始めて、年度末を迎えました。

現在の室内環境

生き生きと自由に自分を発揮して生活

　現在は引き戸が取り外され、1、2歳児は同じスペースで生活をし、遊びを自分たちで選ぶ姿が日常的になりました。ワンフロアで動線の確保が難しく使いにくいと感じていた保育室が、行き来がしやすい環境に変化したように感じます。また、園内も遊びによるコーナー、食事、午睡のスペースとわかりやすい設定になりました。何よりも、子どもたちが以前よりも生き生きと自由に自分を発揮して生活している姿が見られます。

　環境構成を含め、子ども主体の保育を実践するために改善点はたくさんありますが、保育者一人ひとりが楽しんで、面白がりながら保育に取り込んでいこうと思います。

園長先生と遊ぶ子どもたち

東京都認証保育所　ラフ・クルー烏山保育園
所在地：東京都世田谷区
定員：30名（0〜2歳児）
運営：株式会社コミニティハウス

子ども主体を大切にした日々の工夫

—— 株式会社キッズコーポレーション

関東を中心に企業内保育、企業主導型、認可保育所等200を超える事業所を運営する株式会社キッズコーポレーション。限られたスペースで保育を提供するときにも、子ども主体を軸に環境を工夫しています。

自然のままに遊べる、遊びこめる環境を創る

戸外遊び（灯篭を観察中。距離をとって見守ります）

私たちは倉橋惣三先生（教育者）の理論をベースに保育を考えています。倉橋先生の著書に『幼稚園真諦』がありますが、その中に「生活を生活で生活へ」という呪文のような言葉があります。

「子どもが真にそのさながらで生きて動いているところの生活をそのままにしておいて、それへ幼稚園を順応させていく…。それが本当ではありますまいか。」

環境設定・環境構成をする際にもこの言葉を大切にしています。子どもがありのままの生活をしている＝遊んでいるそのままを大切にする。自然のままに遊べる、遊びこめる環境を創る（作るではなく「創る」。創造）ということを第一にしています。

ままごと遊び（テーブルには季節の生花を飾って、陶器の食器を使用するようにしています）

具体的な実践としては「保育の神様」とも言われた堀合文子先生の保育です。堀合先生は「コーナー保育」とは言いませんでしたが、一言でいえば「コーナー保育」。いくつかのコーナーを創り、それぞれの子どもが思い思いの場所で遊びを繰り広げ、自己充実を図り、そこに保育・教育を織り込んでいくということを考え、実践しています。

　先にやらせるべきことがあり、させるという「保育者主体」ではなく、子どものしたい・やりたいという思いが先にある「子ども主体の保育」。そして多くの選択肢の中から自ら取捨選択をする能力もこれからの子どもには必要と考えるため、最低5つ以上のコーナーを創るように指導しています。「お絵描きコーナー」「おままごとコーナー」「絵本コーナー」「パズルコーナー」「ブロックコーナー」「粘土コーナー」「電車遊びコーナー」「ごっこ遊びコーナー」などなど。子どもたちの自由な発想を生かし、子どもたちの要望（こうしたい、あ～したい、これをやりたいなど）を聞き、保育室は子どもたちとともに創られていきます。

異年齢児のかかわり（先頭の2歳児も昨年は最後尾、遊びがつながっていきます）

自分で…（「やりたい」ができる環境を保障し、「やって」を求められるまで待ちます）求められる時は保育者がやってあげます（子どもを受容し、自己肯定感を育む）

じっくり遊び込む（根気や集中力が養われている時間。気持ちに寄り添って見守ります）

手洗い後は、環境を意識して―ゴミの軽減（先生や大きい子をまねして、「ギュー、ギュー」が習慣に）

カラスウリ発見！―自然に触れる機会（「ベトベトだね」「柔らかいね」、すぐそばで見守ります）

黒子としての保育者の姿勢

"はらぺこあおむし" ブーム（好きが高まってブームへ。ハロウィンではお気に入りのチョウチョ、しばらくそのまま）

　最も大切な「人的環境」としての保育者のあり方としては「子どもに寄り添う」「子どもの心に寄り添う」ということを第一にし、子どもよりも前に出るのではなく、少し後ろを基本としています。時には並んだ位置ということもありますが…。

　先生が前にいて、子どもに見本を見せ、同じようにさせるということは乳幼児期にはほとんど必要ありません。先生方に話をする際には、童謡でいえば『すずめの学校』ではなく『めだかの学校』。

　「めだかの学校」は子ども主体。「すずめの学校」は先生主体。真逆な教育方法を歌っています。

　子ども主体の保育をする私たちは、先生が目立たない保育がいいという話もしています。また、子どもへの言葉かけも最低限にするように話しています。保育者の言葉かけのほとんどは「先回りでの答え」や「指示命令」。「こうしたら？」「何しているの？」「一緒に入れて」などと言い、子どもが遊びこんでいる、考えている邪魔をしないようにと伝えています。教育で大切なことは「待つこと」。

室内遊びNo.1「粗大運動」（多様な動きが保障できる環境を。はう・くぐる・登る・降りるなどなど）

堀合先生の言葉に「レントゲンのような目で子どもの内面をみる」というものがありますが、子どもの言動、今までの育ちから、子どもの内面を探り、適切なタイミングで適切な関わりや適切な言葉かけをするということを心がけるように伝えています。ほとんどの保育者は言葉が多く、そこの改善に最も苦労するようです。

　子ども一人ひとりを大切にする保育、子ども主体の保育が私たちのベースに流れています。　　　　　　　　　　　　　　　　　　　　　　　　　　　　❀

室内遊びNo.2「微細運動」（プチプチを取り入れて、手や指などを使った遊びも）

「ノンコンタクトタイム」を捻出し、ドキュメンテーション作成。可視化して、情報共有や振り返りをすることで同僚性も高まります。子どもの様子によって、環境設定・援助の仕方を考え、実践へ
※ドキュメンテーション「風を感じて」（左）、「野菜収穫」（右）

小さな保育園の大改造プロジェクト
── クオリスキッズ駒込保育園

東京・文京区の住宅地にあるクオリスキッズ駒込保育園は、園庭のない3階建ての狭小縦長の園舎です。開設から試行錯誤を経て、ハードの特性を活かした保育を提供しています。

3フロアの年齢区分に苦心した開設当時

開設1年目は4・5歳児がいなかったので、1階に0歳児、2階に2・3歳児、3階に1歳児という配置にしましたが、全学年が揃うにあたって、部屋の配置に悩みました。雑誌を参考にしたり、他園からアドバイスをいただき、職員みんなで話し合った結果、4・5歳児が3階保育室とテラスを自由に動き回る姿を夢見て、4・5歳児が3階、1・2・3歳児が2階、0歳児が1階に決定したのです。

保育がスタートしてからも、何度もレイアウトを変えて、いろいろ試してみました。おもちゃ棚や仕切り板でクラスを分けましたが、1歳児はあちこちと散らばり、3歳児の遊びや製作の邪魔をすることもありました。また、トイレまでの距離が遠い、子どもたちが落ち着いて遊べない、おもちゃが散らかる、保育者の目から見えづらいなど、さまざまな問題が出てきました。

子ども主体の環境の工夫

そこで考えたのは、①子どもたちに好きな遊びを自分で選ばせる、②クラスの活動を保証する、③保育室以外の場所も有効活用するという3点でした。

①についてはおもちゃの種類をまとめて、コーナーごとに配置することにしました。そのことで、好きなおもちゃを子どもが選び、少人数ずつに分かれて遊ぶようになり、部屋中の散らかりが改善されました。②については、年齢にあった玩具を各クラスに設定し、遊べる場所を作りました。その結果、乳児が3歳児の遊びやクラス活動に割り込むこともなくなり、落ち着いて過ごせる環境が確保され、のびのびと過ごせるようになりました。

③については、園内のあらゆるところを遊び場に変化させています。2、3階のエレベーターホールは、基本的には保護者が朝夕の支度をする場所ですが、子どもたちにとって3.5畳程度の狭い空間は居心地の良い遊びスペースになりました。製作など集中して活動させたいときや読み聞かせなどのコーナーにもなります。

大改造プロジェクトチームの立ち上げによって園全体が活気づき、いろいろな取り組みが始まりました。毎月園内のテーマを提案し、大人も子どももワクワクするような環境に変身させてくれます。

全園児による「季節の木」が出迎えます。

階段を上ると…

普段は保護者のバギー置き場ですが、0歳児にとっては小さな自然が感じられる心地良い場所です。

音環境（騒音対策）をきっかけに、大改造プロジェクトチームの立ち上げ

　日々の保育を行ううちに、問題も出てきました。きっかけは遊びや活動中に発生する音の大きさ・種類（大人の声など）で、園内の音環境を改善しようと音についての大改造プロジェクトチームを立ち上げ、研究を始めました。

　その時の段階でできることや、これから検討しなければいけないこと、音対策や吸音材をつける場所、教材の種類をインターネットなどで調べて、できるだけ騒音を減らしデシベルを下げる方法について職員会議やプロジェクト会議を行い、今すぐできることを話し合いました。そこで職員が意識できるものを始めて、施設側でレイアウト変更や素材取り付けなどを行っていくことにしました。

　その中で、0歳児クラスより「給食のワゴン（台車）が通る音で子どもたちがお昼寝の時に起きてしまう」という問題が持ち上がりました。そこで、0歳児室前の1階の廊下に、防音に有効という布製のカーペットを敷き、騒音を緩和できるように工夫を行いました。通常、その廊下のスペースは子どもたちの遊び場、昼には職員の休憩室にもなり、カーペットを敷くことで、ワゴンやさまざまな音を飛躍的に抑えることができました。他にも天蓋をつけるなど、できるだけ大きな費用がかかるものは避け、できることから工夫し過ごしやすい環境づくりに現在も取り組んでいます。

　職員もギリギリの人数で始まった保育園も、今ではプロジェクトチームを立ち上げられるほどの人数に膨れ上がり、子どもたちと笑い声が絶えない毎日を過ごしています。

　「主体的な保育」「共に育てる」「プロジェクト活動」という欲張りな目標を掲げ、日々保育に奮闘する毎日ですが、限られた時間の中で何ができるか、何をするか、モノに頼ることなく、かかわるすべてのヒトとともに保育園を築き上げていく。そんな素敵なコトを夢見て、私たちはこれからも保育に努めていきたいと思います。

押し椅子は取り合いになるほどの人気。

壁と床に配置してある鏡。のぞきこんだり顔を見てにこにこしています。

防音対策として、1階の廊下にはカーペットを敷いています。

保護者も参加する絵本プロジェクト。

みんなが大好きな隠れ部屋。

認可保育所　クオリスキッズ駒込保育園
所在地：東京都文京区
定員：50名
運営：株式会社クオリス

Comment ラフ・クルー烏山保育園の実践をともに考える

子どもたちのための環境づくりへの挑戦

「子どもにケガがないようにしたい。」

そう願うことは大切ですが、とにかく一日を無事に……と思うばかりに、環境が簡素で、スケジュールが細切れ。他のクラスとかかわる手間を省いているうちに、それぞれのクラスが閉鎖的。もしそのような状況になっていたら、ぜひラフ・クルー烏山保育園の事例をヒントにしてほしいと思います。

子どもは、身体を動かしながら環境と直接かかわり、さまざまなことに気づき、習得していきます。その際に、危ないことがあります。転ぶかもしれないし、友だちにつかまってそのまま倒れてしまったり、おもちゃを投げたりするかもしれません。事例では「危ない！」と思うから、子ども同士がかかわる場面を減らし、モノを減らし、狭い空間に収めてみたものの、それは効果的ではなく、逆にケガが増えてしまいました。

ここで思い出したことが、大きな改善の一歩となりました。それは、「子どもが」ワクワクしているだろうか、やりたいと思っていることが実現できるか、工夫したり、挑戦したりしているだろうか、という子どもの視点です。

子どもの視点でゼロから学びなおす

この改善にはポイントが2点あります。一つは、子どもの視点になって保育室を眺めてみるということ。棚で囲まれた狭い空間では、圧迫感があることにも気づき、子どもはもっと開放的に動きたいのではないかという意見も出ました。そこで、子どもが主体的に動き、遊びを選べたらいいのではないかと考え、狭めていた部屋の仕切りを外しました。

もう一つは、「好きな遊び」「発達に合った遊び」を探るために、園内にあるすべてのおもちゃを出し、保育者がそれらを把握するということでした。出したおもちゃを分類しながら俯瞰して見ると、例えばパズル1つとってもさまざまな種類があります。簡単なものから順番に並べてみて、改めて1歳児で使っているものを見ると、「これは2歳児のほうがいいかもしれない」「1歳児で

も、今はまだ早いから後半になってからにしよう」「0歳児のおもちゃが少ないから、これをあげたらどうだろう」と、0、1、2歳それぞれの子どもの姿を思い出しながら、今に適したおもちゃを選べるようになりました。

思い切って環境改善した後、変えたのにうまくいかない、子どもたちが飽きる、ということがわかってからの変化が大きいように思います。「子どもの今」って変わる！と気づくと、おもちゃや棚の位置の見直しを繰り返したり、子どもが興味をもった写真やイラストを壁に貼ってみたりと、それぞれの保育者が工夫するようになったといいます。また、保育者一人ひとりが、子どもの姿をよく見て、語り合い、ともに改善する仲間として協働できるようになったことが、最も大きな変化だといえるでしょう。

（保育のデザイン研究所　川辺尚子）

キッズコーポレーションの実践をともに考える

子ども主体の保育

キッズコーポレーションの保育者は、倉橋惣三の「生活を生活で生活へ」を心に刻み、「第1に、活動の主体・主人公は一人ひとりの子どもである。第2に、大人（保育者）は活動が生まれ展開しやすいように意図をもって環境を構成する。第3に、活動を豊かにすることは、いろいろなことをできるようにすることと同じではない。重要なのは、活動の過程で乳幼児自身がどれだけ遊び、充実感や満足感を得ているかであり、活動の結果どれだけのことができるようになったか、何ができたかだけをとらえてはならない。なぜなら、活動の過程が意欲や態度を育み、生きる力の基礎を培っていくのだから」に従って子どもに寄り添い、丁寧に、真心を込めて保育に取り組んでいます。

異年齢保育

子どもたちの表情や姿をご覧ください。自分で興味をもったことを探究している子どもの表情は、真剣そのもの。友だちと会話しながら遊ぶ子どもたちの表情は、やわらかで楽しそう。友だちとかかわりあう中で、互恵楽習（ごけいがくしゅう）が展開していきます。

お友だちのやっていることに興味が引かれた女児は、ぐっと身を乗り出し、お友だちの遊びをじっと観察しています。やがて自分も遊びに加わり、いっしょに遊ぶようになるでしょう。

保育者の援助

保育者は「黒子」になって子ども一人ひとりの遊びを見守ります。子どもが困っている瞬間を見逃さず、足場（scaffolding）をかけてあげます。子ども自身で解決の見通しがもてるよう、わきから支えてあげるのです。子どもが解決できずにいるときは、「省察促し」（例：どうしたらいいかな？）のことばをかけて、子ども自身で考えるよう励まします。「禁止」や「命令」、先回りして回答を教える「教導」のことばかけは決してしません。「○○したら？」と提案し、子ども自身が考える余地を残してあげるのです。このような援助のもとで、子どもの自律的思考力が育まれていきます。

環境設定

子どもの主体性が発揮されるのは、保育者（大人）の権威が最小限に抑えられたときです。保育者は子どもの視線で環境を設定しますが、教育者としての役割も担いますので、「レントゲンのような目で」子どもの表面上の姿だけではなく、心のつぶやきを聴きとり、葛藤までも洞察するように「レントゲンのような目」で、子どもを見守ります。子どもの興味関心は多様ですから、いくつかの遊誘材を用意しておきます。どの子も、遊びに熱中し、遊び込める環境づくりを心がけています。

ドキュメンテーション

保育の記録は、教育のPDCAサイクルを循環させる手段になります。子どもが遊んでいる姿やつぶやき、保育者のことばかけも記録して、壁に貼り出し、保育園での子どもの姿を保護者と共有するようにしています。

（IPU・環太平洋大学教授、
お茶の水女子大学名誉教授　内田伸子）

Comment クオリスキッズ駒込保育園の実践をともに考える

音響の問題へのかかわり方

クオリスキッズ駒込保育園との出会いは、文京区立お茶の水女子大学こども園に数人で施設見学に来られたことから始まりました。同じ文京区内の園ということで、その後もこども園から私と園長で見学に行ったり、研究会に参加したりという交流がありました。

ある日、夕方の時間に見学に行くと、異年齢の子どもたちが1つの部屋でブロックや積み木で楽しそうに遊んでいる姿を目にしました。しかし、積み木が机の上から床に崩れ落ちる音や子どもの声が響き、建物の構造上、音が響きやすい環境ではないかと思いました。簡単に解決できることではありませんが、園内研究会を行い、実際の音を調べ、今できる対策を積極的に取り組む姿勢に、私たちも刺激を受けました。夕方の時間、異年齢が集まる室内では、どの玩具をどこで遊ぶかによって音が違い、室内がにぎやかだと大人の声も大きくなるので気をつけたいです。

年齢に応じた空間の使い方

園児の定数が揃った3年目、2階と3階のクラスごとの空間の使い方について「3階は遊びが室内からテラスに展開する可能性があり、4・5歳児の遊びには最適ではないか。既存のトイレ等を改修することなく、空間の工夫をして1・2・3歳児クラスを2階にしたらどうか」とアドバイスしました。

どのクラスも遊びや生活の保障が必要で、特に1歳児の安定した生活の場の確保は、自分から生活や遊びに向かう時期の大事な環境となります。この環境でさまざまな保育の困難さが出てきた時、課題を整理し、棚などで仕切って場を作ることで、どのクラスも落ち着いたようです。1歳児の仕切った棚は子どもの"やりたい"がある遊びの場になりました。他の場にも遊びが分散する環境が作られると、子どもが自ら遊びを選びます。また、仕切るよさと異年齢の子どもの遊びが混じり合うよさも同時にあると思います。子どもの姿を見ながら、仕切り方が変化してもよいかと思います。

さらに、狭い園では場を工夫することが必要となりますが、同園ではバギー置き場や廊下を有効に使っています。空間が時間帯を追って変化していく。この場所はこうあるべきと決めずに、危険がなければ、小さな園では創意工夫が保育の幅を広げます。

職員の同僚性

園の保育方針を職員全体で話し合ったり、研究会をする中で、何を大事にするか。クオリスキッズ駒込保育園は目標に「主体的な保育」を掲げています。園全体だけでなく、同じフロアでの保育の共通理解、お互いのクラスを認めながら連携をしていくことが必要であり、他クラスの活動を理解すると、音に関しても気遣いができます。得意性を活かした、職員のチームワークを高めるプロジェクトチームは、今後さらに保育の質の向上につながると思います。

（文京区立お茶の水女子大学こども園
施設長　私市和子）

第 5 章

ここが迷う
環境構成のQ&A

ここでは、環境を改善するときによく出てくるお悩みの声をもとに、改善のヒントとなることをお伝えしていきます。

改善のために自分の園に置き換えたならどんな形になるのかを想像し、職員同士で話し合いながら、「やってみて、子どもの姿を見て、また変えてみる」という改善のサイクルを作ってみてください。

Q1 子どもが落ち着かない…
子どもたちにとって居心地の良い空間にするためには？

育ちの中で大切にしたいこと

0・1歳児は、発達も暮らし方も、一人ひとり大きく違う時期です。たとえば、1日の生活のリズムについても、各家庭の中でも一定とはいえず、保護者の仕事と生活のペースもまだ不安定な時期だということを考慮したいですね。

居心地の良さというのも、それぞれ感じるポイントが違うものです。子どもが寝転がったり動いたりしながら、環境のおもしろさに出会い、かかわろうとするその時々を、できるだけ多様に受け止められるようにしたいですね。

モノ・人・場のヒント

保育室の中で、最も存在感があるのが保育者です。たとえば、訪問者が足を踏み入れた時の子どもの表情を見ると、それを一段と強く感じます。そのくらい、保育者の存在は子どもたちの心と体に大きく影響するといえるでしょう。

保育者がゆったりと過ごし、子どもたちを包み込み、ともに遊ぶことで、子どもたちが安心し、落ち着いていくといいですね。

→ 34頁参照

保育室の中にじゅうたんや畳を敷く、ソファを置くなど、ゆったりできる空間がありますか。子どもたちが活発に遊ぶ合間にも、床に寝転がった

り、くつろいだりできる空間を用意しておくとよいでしょう。

→ 38頁参照

絵本を見る時、少人数で過ごす時、ちょっとした囲まれた空間があるといいですね。「ここは私の場所」という安心感が、ぐっとその遊びへの集中力を高めるようです。囲みを作成する際、0・1

歳児の場合は、寄りかかって倒れたり、簡単には壊れたりしないものがいいですね。

→ 38頁参照

ケガが心配…

動ける子どもと動きが少ない子どもで、遊びが違う

育ちの中で大切にしたいこと

　0・1歳児は身体を動かしながら、多様な力を身につけていきます。確かに個人差が大きく、ぶつかったり、引っ張ったりなど、大人が危ないと感じる動きがみられます。一方で、さまざまな子どもの姿が刺激になり、まねしようとしたりする動きもあるでしょう。また、良く動く子どもでも、ふと目に留まったものに注目し、静かに集中して遊ぶこともあります。「危ない動き」に対して「何をしたいのかな」という目で観ながら、一人ひとりの子どもがやりたいと思っていることを読み取ることができるといいですね。

モノ・人・場のヒント

　子どもの動きを観て、「これが楽しいのね！」と思ったものを多様な遊びに変える1つのヒントにしてみましょう。同じような動きでも、モノや形、遊び方が変わると、子どもたちはさまざまな発見をし、繰り返し試しながら遊びます。
　子どもが始めたことをまず大事にしようと思うだけで、保育者の気持ちが変わり、保育が変わります。

→ 18、20、22頁参照

　保育者や友だちがやっていて、楽しそうだと思うと、自らやってみようとします。子ども同士のかかわりが、保育者にとって不安よりも楽しみになる工夫としては、人とのかかわりが促され、一緒に遊べるものを増やすものがよさそうです。

→ 36、40頁参照

　子どもたちの動きが重ならないようにする工夫としては、一つの棚にすべてのおもちゃを集めてしまわず、部屋の中での動きを予測して分散させるといいでしょう。
　また、生活リズムなどもふまえ、いくつかの小グループに分けて、散歩や園内の別の場所（廊下や玄関等）も利用することができると、子どもの動きを尊重することができます。

Q3　活発すぎて…

動きが活発で、けがをしないかと目が離せない

育ちの中で大切にしたいこと

そこにちょっとした段差があったら…、足がひっかけられそうなところがあったら…、子どもたちは試さずにはいられません。自分の身体を動かすことで、視界に変化をもたせ、新しいものに出会っているのです。すべては「探索」「試す」ための大切な行為だと受け止めたいですね。

モノ・人・場のヒント

身体を思う存分動かせるように、まずは広くて何もない空間を用意しそうですが、モノがあることで、逆に子どもの動きが促されていきます。たとえば、クッションやソファなど、柔らかいものがあると寝転がりたくなります。少し傾斜があればハイハイしたくなります。箱があれば、入りたくなります。「何だろう」「試してみよう」と思える環境にしたいですね。

→38、40頁参照

屋外に遊びに行くときには、さまざまなチャンスがあります。のぼったり、のぞきこんだり、しゃがんだり…。その場ではどのような動きが促されるかという視点で、屋外の環境を見直してみるといいでしょう。

子どもたちの動きを予想し、保育者間で連携して見守れるといいですね。

→ 46、70頁参照

少し大きめのモノを押したり、引いたり、持ち上げたりするなど、ダイナミックに動かすことにつなげられるといいですね。自らの動きや力を感じ、調整することにつながります。屋外で楽しんだ遊びも、室内でモノを代替して工夫できるものはないか考えてみると、遊びの幅がぐんと広がります。

→ 28、64、82頁参照

Q4 誤飲が心配…
口に入れそうで、おもちゃを出せない

育ちの中で大切にしたいこと

口の中に入れたり、舐めたりしながら、モノをしっかりと確かめる子どもたち。味や感触を確かめて、ふと考えているような表情を見ていると、科学者としての人生が始まっていると思わされます。

口に入れるかどうかは別としても、目に入った

モノの不思議さやおもしろさに出会い、触れてかかわり、たくさんのことを感じ、考えてほしいと願います。保育者は事前に安全に配慮し、子どもたちがモノとかかわる際には、できるだけ禁止や制限せずに済むようにしたいものです。

モノ・人・場のヒント

小さいからすべてしまうのではなく、小さなモノを安全に配慮した遊びの中で扱える経験をすることが大切です。

たとえば、ペットボトルの中に入れたり、小さいものをゴムやひもにつないで触れるようにすると、口の中に入り込む心配はありません。その

際、保育者は子どもがどのように扱うか、よく見ておきましょう。ペットボトルの蓋が空いていないか、ゴムにほつれがないかなど、チェックをしておきましょう。

→ 22頁参照

誤飲やケガを不安に思うあまり、モノを減らし、制限していくと、子どもが出会う環境を狭めてしまいます。子どもがモノから「感じる」ことへ目を向け、世界を広げて見てみましょう。じっと見つめる、つまもうとする、耳をすます、目で

追う、動かそうとするなど、おもちゃだけではないさまざまなモノへの出会いが、気づきや発見につながります。

→ 30、32頁参照

じっくりとモノに触れ、動かす中で、子どもは考えたり、イメージしたりしています。一人ひとり感じ、考えていることを読み取ろうとする保育

者のまなざしが、子どもの安心や安全につながります。

Q5 高年齢児との過ごし方

合同保育で 0・1歳児が 安心して過ごす ためには？

育ちの中で大切にしたいこと

異年齢の子どもが混ざり合うことによって、子どもたちが受ける刺激というのは計り知れません。しかし、動き方が異なる年齢の子どもが一緒に過ごすのに不安もあり、互いの遊びが制限されることもあるでしょう。

まずは安心して過ごせること、愛情豊かに応答的な保育者とのかかわりがあること、興味関心に合わせた一人ひとりの遊びが保証されていることは、どんなにわずかな時間であっても大切です。

モノ・人・場のヒント

大きい子どもたちと一緒に過ごす時間がいつもの保育室と違う場合は、安心して過ごせる場を確保するようにしましょう。たとえば、お気に入りのいつも使っているおもちゃや、他の子どもが遊ぶ場と分けられるパーテーションなどがあると安心です。

→ 58頁参照

落ち着いた場でやりたい遊びに集中できると、安心して過ごすことができます。遊び方や結果が決まっている玩具は飽きやすく、じっくりと集中して遊ぶことができない場合があります。これは何だろう、これを入れたらどうなるだろう、不思議だ、試してみたい、今度はどうかな、そう思えるような玩具があるといいですね。

大きい子どもたちが遊んでいる姿は、0・1歳の子どもたちの目にはどのように映るのでしょうか。自分が小さいことを考えもせず、遊びの中に果敢に入っていく姿があるかもしれません。その気持ちは大事にしたいもの。保育者が寄り添いながら一緒に眺めたり、一緒にやってみたり、積み木やブロックなどを少し取り分けて、小さなスペースを作って遊んでもいいでしょう。

保育の環境と評価

評価の方法には、あらかじめ評価基準を設け、保育実践や子どもの姿がその基準にどのくらい合っているか確認する「量的評価」と、保育実践や子どもの姿を文章や写真などの形式で記録し保育者自らの振り返りや職員間の話し合いに用いる「質的評価」があります。

環境構成のための保育の評価について考えてみましょう。

1 評価とは何だろう？

日常の保育のプロセスに位置づけられる評価は、その場かぎりで終わるのではなく、計画・実践・評価・改善を繰り返すことを通じて、継続的に実施されることが大切です。

保育の環境を評価する

　日本の保育は「環境を通して行う」保育です。イタリアのレッジョ・エミリア教育の創始者マラグッツィもまた、環境を大切に考えていました。『空間は第三の教育者である』という有名なことばは、子どもの学びの質は子どもを取り巻く環境空間の質に左右されることを意味しています。

　評価の方法には、大きく分けて、あらかじめ評価基準を設け、適合しているかどうか確認する「量的評価」と、省察を文章等にまとめ保育者自らの振り返りや職員間の話し合いに用いる「質的評価」があります[*1]。この2つを組み合わせることで評価の有効性が高まると指摘されていますが、多忙な保育現場ではなかなか難しいかもしれません。それでは、環境構成のための保育の評価はどのようにしたらよいのでしょうか。

	量的評価	質的評価
特徴	●決められた項目内容に照らし合わせ、実施状況や達成状況を段階や数値で示します	●保育活動や環境、子どもの姿、保育者の振り返り等について文章、写真、図、作品などで示します
長所	●「質の高い保育」を示した項目を網羅し基準にすることにより、包括的な現状の把握や課題の発見が容易になります ●結果をグラフや表で客観的に示したり、以前の状態や他者（園）と比較したりすることができます	●主観的に評価するプロセスを通じて保育の意味や創意工夫について自ら学ぶことができます ●その園の保育の文脈に沿いながら子ども理解を深めたり、保育者間で共有したりすることができます
短所	●項目内容が「質の高い保育」として全ての園に適用できない場合があります ●数値で示された調査結果の解釈や読み取りが必要になります ●社会的に最も受け入れられやすい回答を行う傾向から形式的な評価になりがちです	●記述したり素材を組み合わせて構成する保育者の力量が必要になります ●取り上げた場面やエピソード、解釈などの偏りや不足に気づきにくいかもしれません ●率直に語りあえる職場環境や対話の時間を確保することが必要です

保育者は環境のデザイナー

　これからの時代、教師や保育者は「創造的な環境のデザイナー」であることが求められています（OECD、2018）[*2]。「日本のフレーベル」として近代保育を

＊1　詳しくは、127頁以降も参照。

＊2　(Paniagua, A., & Istance, D. (2018). Teachers as Designers of Learning Environments: The Importance of Innovative Pedagogies. Paris：OECD Publishing.)。OECDは2018年の報告書で、革新的な教育を推進するには、教師自身が創造的な問題解決者となり、子どもが本来もっている創造性、協同性、探求心を敏感にとらえ、学びの環境をデザインする設計者となる必要があると言っています。

創り上げた倉橋惣三も、保育者自身の「創造性」の必要性を強調していました。

　子どもひとり一人の個性が違うように、園の状況や環境も違います。保育環境をデザインするには、特定の手続きや型・設計図に従うというよりも、子どもたちが主体的に生き生きと暮らし、遊び、学ぶ未来を思い描き、柔軟にアイデアを取り入れ、こまめに修正・微調整することが重要になってきます。

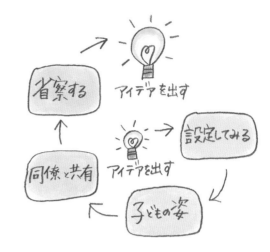

保育をしながら振り返る＝評価する

　本書で提案したいのは、実践の中で、環境に少しあるいは大胆に手を加え、同時に子どものヒト・モノ・コトとのかかわりを注意深く観察し、再び何かを変えてみるという方法です。

　新たな取り組みが次々とつながる渦巻型プロセスでは、想定外を受け入れ、計画どおりにならなくても動じません。試行錯誤や紆余曲折の後に、思わぬうれしい結果があったりするものです。あせらずにしばらく待ってみる、そばにいる同僚に「どうかな」とちょっと聞いてみるなど、多様な方法を試してみましょう。

　渦巻型プロセス評価の要は、自動的な振り返りを引き出す思考習慣、視点（Habits of Mind）です。あなたは、視点の中の子どもの姿をイメージしながら、環境を変え、結果を省察し、保育者同士の対話や連携により、環境を構成・再構成し続けるデザイナーです。

　津守真は、保育者による子ども理解の重要性を次のように表現しました。

　「子どもは自分自身の心の願いを、自分でも十分に理解していない。おとなが理解することによって、子どもは次の段階へと心的発展をする。」[3]

　保育者が「子どもの心の願い」を理解し環境を工夫する行為は、子どもの創造的な行為を生み出します。やがて子どもは、世界を変えていく担い手として育っていくでしょう。そこで私たちは、実践の振り返りや保育で大切にされていることを踏まえ、5つの視点を考えました（次頁）。

＊3　津守真（1987）『子どもの世界をどうみるか——行為とその意味』15頁、NHKブックス

2 保育環境を評価する「5つの視点」

日頃の子どもの過ごし方、保育者とのかかわりを客観的にとらえてみましょう。

 視点 **1** ｜ **気持ち良い生活をしているかな**

> 子どもたちの健康、安全、物的保障、教育、社会との関わり、生まれてきた家族と社会の中で愛され、認められ、その一員として含まれているという感覚を重視しています。(UNICEF)

心地よく身体を動かして遊びたい、穏やかに食べたり飲んだりしたい、ほっと一息ついて休みたいといった子ども一人ひとりのウェル・ビーイングへの要求が満たされる環境になっていますか。

 視点 **2** ｜ **注意深く観て、能動的に聴いているかな**

> さまざまな分野で子どもが達成したことよりも、認知的なプロセスに大人がより注意を払おうとするとき、子どもの創造性がより見えるようになるのです。(L・マラグッツィ)

子どもは偉大な観察者です。子どもたちは何をじっくり観て、何に耳を澄ませ、何を感じ伝えようとしているでしょう。保育者が子どもの小さな気づきやつぶやきをとらえ、タイミングよくかかわることのできる環境になっていますか。

 視点 **3** ｜ **一緒に面白がることができるかな**

> 子どもの「センス・オブ・ワンダー」を新鮮にたもちつづけるためには、(中略) 感動を分かち合ってくれる大人が、すくなくともひとりそばにいる必要があります。(R・カーソン)

子どもは生まれつき神秘さや不思議さに目を見張る感性をもっています。その環境の中で子どもたちは興味をもち、面白がることができますか。保育者はそれぞれの子どもの発見に関心を示し、寄り添い、一緒に面白がっているでしょうか。

 視点 **4** ｜ **新しいモノ・コトが作り出されているかな**

> 子どもたちが想像・創造・遊び・共有・振り返りの良い循環に入れるように支援することが、創造的思考者へと導くのです。(M・レズニック)

これからの時代で重要といわれる創造性は、1人の天才に備わっているものではなく、大人や仲間とともに作り上げられ育まれるものです。独創性や個性を称（たた）えていますか。創造的な学びが発生し、根づく環境になっているでしょうか。

 視点 **5** ｜ **社会が生まれているかな**

> 子どもたちは単なる未来の市民ではなく、現在および現在の都市の市民であり、自分の意見を表明し、都市の市民生活や文化生活に参加する権利をもっています。(ハーバード・プロジェクトゼロ)

私の声が聴かれていると確信した子どもの関心は、仲間や周囲の人々へと向かいます。家庭や園という身近な社会から地域、国、そして世界へ。他者を知りたい、貢献したいという子どもたちの思いが実現されるような環境になっていますか。

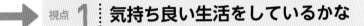

0・1歳児 環境の工夫

※5つの視点は、子どもの姿や保育者のあり方に照らし合わせて考えるためのガイドです。0歳児から5歳児まで同じですが、視点の具体的な内容や重みづけは異なります。

視点 1 : 気持ち良い生活をしているかな

身体発達の個人差が大きい時期です。身体を動かしのびのびと安心・安全でいることのできる環境のポイントは、時間差を利用した2〜4人の小グループの活動、保育者同士のきめ細やかな連携に支えられた家庭的で穏やかな空間です。

視点 2 : 注意深く観て、能動的に聴いているかな

モノやコトとの出会いを大切にしたい時期です。言葉が出る前の子どもは、周囲の環境の変化や保育者自身の感受性にとてもよく呼応します。五感を生き生きと働かせて、気づいたり驚いたりできる遊具や室内・室外環境が大切です。

視点 3 : 一緒に面白がることができるかな

子どもの身体的認知的・成長が著しい時期です。寝返る、這う、立つ、伝い歩きをするのに合わせた手づくり遊具と配置、子どもが自分で始められる遊びや何度も何度も繰り返したい遊びができる環境、子どもが目を止め指さす発見を、なぜだろう、不思議だなと一緒に味わいましょう。

視点 4 : 新しいモノ・コトが作り出されているかな

子どもたちは新しい遊びを考えたり、いつもの遊びをさまざまに変化させたりすることが得意です。組み合わせる、組み替えることのできる汎用性の高い遊具・素材の準備や子どもの姿から遊びを発展させる保育者の工夫が必要です。

視点 5 : 社会が生まれているかな

子どもが1人玩具でじっくりと遊んでいるとき、子どもの中でさまざまなイメージや対話が生まれています。その要求を十分に満たされる環境が大切です。隣にいる誰かの動きに興味をもち、まねしたい、かかわりたい、思いを共有したという気持ちが生まれてくる。それが社会の始まりです。

第6章　保育の環境と評価

3 5つの視点の使い方

前頁で提案した5つの視点をどのように実践で使えばよいのか、考えてみましょう。

子ども中心の保育は、子どもの声や思いに耳を傾け、子どもの姿をよく見守ることから始まります。5つの視点は、子どもの主体性（agency）を大切にしながら、その園の環境や保育のあり方に照らし合わせて環境構成を考えるための目標ガイドです。

人間は目標設定のもとで行動をとると「どうしたらもっと良くなるかな？」「次にどうしたらいいんだろう？」と、無意識のうちに振り返りを行い次の目標を設定するようになります[*4]。

目の前の子どもの様子や日常の保育を思い浮かべ、視点に沿って考えてみましょう。たとえば、「視点1：気持ち良い生活をしているかな」の場合、「食事の時に落ち着かなくて」「楽しく食べる姿をもっと増やしたい」など、課題点や改善点を思い起こしてみてください。「こうしたらどうなるかな？」と想像してみることが大切です。実行に移した後で、子どもの姿を見てみます。成功しましたか？それともまだ変化が見られないでしょうか。

次に、実践したこととその結果を、同僚に伝えてみましょう。話し合う時間がなければ、日案や週案に記録して、自由に閲覧できるようにしておく方法もあります。同僚は、あなたの実践を喜んでくれるかもしれません。対話から新しいアイデアが得られるかもしれません。

そして、次の保育に向けて想像してみます。視点の隣に空欄を設け、エピソードとともに現状や課題点を書きだしてみるのもよいかもしれません。写真やイラストで示したり、振り返りや新しい取り組みのアイデアを書き留めてみましょう。

132・133頁の「振り返りシート」は、5つの視点をもとに環境を変えていくためのツールです。自由にカスタマイズしてください。

＊4　このような無意識の振り返りはFFA（フィードフォーワード・アクション）と呼ばれます。

事例・エピソード記述

　保育計画や指導計画の具体的なねらいや内容とともに、文章等で記録されます。これらの事例・エピソード記述は保育者の日々の振り返りに用いられたり、園内研修など保育者集団内の学び合いや協力体制づくりに利用されます。

ドキュメンテーション

　ドキュメンテーションとは、子どもたちの活動に関する保育者による記述だけではなく、写真やビデオなどの映像、絵や制作物、つぶやきの記録などすべてを含みます。しかし、記録しただけでは本来のドキュメンテーションとはいえず、それらを囲んで保育者・子ども・保護者が対話することで初めて保育のドキュメンテーションとなります。

　構成主義の考えに基づくレッジョ・エミリアの教育などでは、保育実践を成立させる主要な要素としてドキュメンテーションを位置づけており[5]、スウェーデンでは国が決めた教育カリキュラムに沿うことから「教育的ドキュメンテーション」と呼ばれています。

第6章 保育の環境と評価

---

[5]　C. リナルディ（2001）「ドキュメンテーションから構成されるカリキュラム」C. エドワーズ、L. ガンディーニ、G. フォアマン著、佐藤学、森眞理、塚田美紀（訳）『子どもたちの100の言葉—レッジョ・エミリアの幼児教育』世織書房

ポートフォリオ

　保育教育における（個人）ポートフォリオとは、その子どもの学びや成長過程について、多角的な視点からとらえられ、意味づけされ、言葉・写真・図などで綴られた記録です。保育経過記録や保育日誌とは異なり、保育者だけによって作成されるのではなく、子どもや保護者も作成にかかわることに意義があります。

　ポートフォリオにおける評価は、評価する側とされる側という一方向的な関係性を排し、保育者のみならず子どもと保護者がともに評価する主体であること、子どもの学びは、保育者・子ども・保護者が協働して作りあげていくものであることを意味しています。

ラーニング・ストーリー

　ラーニング・ストーリー(Learning Story)は、ニュージーランドの多くの保育施設で実施されている、観察と記録による子ども理解の方法です。保育者が子どもの視点で語りかけるように記述することが特徴で、文章のみ、または写真や子どもの作品に文章を添えて作成されます。

　5つの学びの構え（関心・熱中・挑戦・コミュニケーション・責任）を手がかりとして、子どもの学びを記述・評価します。介入の際には、できないことに着目する問題点モデルではなく、学びの構えを育てる信頼モデルによるアプローチをとります[6]。

＊6　M. カー（2013）『保育の場で子どもの学びをアセスメントする』大宮勇雄、鈴木佐喜子（訳）ひとなる書房

ウェブ

　ウェブとは、創発的なカリキュラムを作成する際に、保育に関連する物事や出来事を関係づけた概念マップのことです。時間やスケジュールに沿って記録するのではなく、重要と考える子どもや子どもの興味・関心を中央に配置し、関連する事象を図式化しながら、保育の現状を視覚的に把握し、評価します。

　また、評価に基づいた新しい取り組みを計画することにも利用されます。一度作成したウェブに新たな概念を付け足したり、概念間の結びつきを操作したりすることで、保育の思考を柔軟に変化させていくことが可能となります。

保育マップ

　遊びや生活での子どもたちのかかわり、活動の展開や推移について、紙面に書かれた環境見取り図に文章で記録する形式と、その場で環境や人物をイラストで描き文章を交えて記録する形式の2種類があります。

　環境空間とともに、遊びの全体像を具体的に表すことにより、子どもと場、遊具、仲間、保育者との関係性を視覚的に俯瞰し、振り返ることができます。

保育の質（保育行為や保育の中での子どもの姿、環境のあり方）を数値により示し、目標の達成状況や実施状況を比較したり分析することに利用します。

チェックリスト/リッカート式尺度

　チェックリストとは、保育に関して確認すべき重要な項目と、「はい・いいえ」「〇・×」「✓（チェック印）」などの判定が対になった一覧表のことです。大切なことを、効率良く網羅的に確認することに適しています。

　判断の選択肢が2つ以上あるリッカート式尺度は、単に「尺度」ともいわれ、アンケートでは最もよく使われています。程度や頻度について細かく判定できる点がチェックリストとの違いです。個々の項目の事柄に対して、例えば「とても〇〇している・〇〇している・あまり〇〇していない・全く〇〇していない」のように、程度や頻度の段階を設け、数値（1〜4）や記号（A〜D）を割り振り、その値や記号に配点（4点〜1点）することにより評価します。

　チェックリストやリッカート式尺度は、その園が重視している事柄を項目に盛り込むほか、運営母体や地方自治体によって作成され、園内の（または保育者の）自己評価として使用されています。

保育スケール

　海外で開発され現在日本語に訳されている保育スケールには、3−5歳児対象のECERS（Early Childhood Environment Rating Scale）[7]、0−2歳児対象のITERS（Infant and Toddlers Environment Rating Scale）[8]、就学前対象のECERS-E（ECERS-Extension）[9]、2−5歳児対象のSSTEW（Sustained Shared Thinking and Emotional Well-being）[10]、乳幼児対象のSICS（Self-assessment Instrument for Care Settings）[11]があります。

　ECERS/ITERSは、日本語では「保育環境評価スケール」と訳されますが、保育者のかかわりも含まれており、集団保育の総合的な質を測定する尺度です。

[7]　Harms, T., Clifford, R. M., & Cryer, D. (2016).『新・保育環境評価スケール ①』埋橋玲子 (訳) 法律文化社.
[8]　Harms, T., Cryer, D., Clifford, R. M., & & Yazejian, N. (2018).『新・保育環境評価スケール ②』埋橋玲子 (訳) 法律文化社.
[9]　Sylva, K., Siraj, I., & Taggart, B. (2018).『新・保育環境評価スケール ③』埋橋玲子 (訳) 法律文化社.
[10]　シラージ，I.，キングストン，D.，メルウィッシュ，E.. (2016).『「保育プロセスの質」評価スケール』秋田喜代美・淀川裕美 (訳) 明石書店
[11]　「保育 プロセスの質」研究プロジェクト 代表 小田豊(2010).『子どもの経験から振り返る保育プロセス—明日のより良い保育のために—』幼児教育映像制作委員会

	ITERS-3	ECERS-3	SSTEW
観察時の対象	保育者の取り組み	保育者の取り組み	保育者と子どものやり取り/子どもの経験
対象年齢	誕生から2.5歳	2.5歳から5歳	2歳から5歳の保育者
収録されているサブスケールと項目数	「空間と家具」(4項目) 「養護」(4項目) 「言葉と絵本」(6項目) 「活動」(10項目) 「相互関係」(6項目) 「保育の構造」(3項目)	「空間と家具」(7項目) 「養護」(4項目) 「言葉と文字」(5項目) 「活動」(11項目) 「相互関係」(5項目) 「保育の構造」(3項目)	「信頼、自信、自立の構築」(3項目) 「社会的、情緒的な安定・安心」(1項目) 「言葉・コミュニケーションを支え、広げる」(4項目) 「学びと批判的思考を支える」(4項目) 「学び・言葉の発達を評価する」(2項目)
全項目数	33	35	14
全指標数	461	462	160

ECERS-Eは、ECERSに収録されていた認知的側面や文化的多様性の理解を促す保育環境にかかわるサブスケールを拡張した尺度構成となっています。SSTEW[*12]は、Siraj-Blatchfordが提唱した、幼児教育におけるSustained Shared Thinking（ともに考え、深め続けること）の重要性に鑑み開発された保育スケールです。

　これら保育スケールでは、複数の園の査察や研究での使用を目的としていることから、①クラス単位・園単位の保育の質を対象としている、②同じ測定システムの構造（サブスケールと下位項目、項目内容を評定するための質的に異なる7段階の指標）に基づいている、③保育の質の査察や研究に用いる場合は原則的に訓練された評定者によって測定される特徴があります[*13]。

　SICSは、Laeversが提唱したExperiential Education（経験に根差した教育）の鍵となる2つの概念、「安心度」と「夢中度」を測定するための保育スケールです。保育者が観察により個々の子どもの「安心度」や「夢中度」の質的な違いを5段階で評定し、物的環境や保育者の支援の方法に照らし合わせ、園内で振り返りを行います。監査や査察を目的としているのではなく、園内での子どもに関する共通理解や保育者集団の力量の形成に向けて作成されました。 ✿

＊12 Siraj-Blatchford, I. (2007). Creativity, Communication and Collaboration: The Identification of Pedagogic Progression in Sustained Shared Thinking. *Asia-Pacific Journal of Research in Early Childhood Education*, 1(2), 3-23.
＊13 埋橋玲子 (2018). 諸外国の評価スケールは日本にどのように生かされるか　保育学研究, 56(1), 68-78.

５つの視点振り返りシート

視　点	実践した日
視点 **1** 気持ち良い生活を しているかな	☐ ／ 　☐ ／ 　☐ ／
視点 **2** 注意深く観て、 能動的に聴いて いるかな	☐ ／ 　☐ ／ 　☐ ／
視点 **3** 一緒に面白がる ことができるかな	☐ ／ 　☐ ／ 　☐ ／
視点 **4** 新しいモノ・コト が作り出されて いるかな	☐ ／ 　☐ ／ 　☐ ／
視点 **5** 社会が生まれて いるかな	☐ ／ 　☐ ／ 　☐ ／

変えたこと・実践してみたこと・結果の振り返り

動く・触れる・感じる　散歩の可能性

身体の動きをナヴィゲートする「移動」

　子どもたちの散歩をみていると、大人であれば3分で目的地に到着するであろう道のりを、10分かけて移動しています。園の散歩は大抵、友だちや先生と手をつないで歩き始めます。手をつなぐことは、他者と歩くリズムを共有することです。そのリズムが楽しいと感じる子どももいれば、自分のリズムを大切にしたい子どももいます。

　子どもたちはこの移動の間、一定のリズムで両脚を交互に動かし続けることはありません。立ち止まり、走り出し、座り込み、来た道をまた戻り、ジャンプします。地面の切れ目や駐輪自転車、電柱、落ち葉や植え込み、マンホールの蓋の模様。いつもの経路にある行為の資源は豊富で、それらとの出会いはさまざまな移動や姿勢をナヴィゲートします。ここでは、散歩中の子どもたちの「手」からその一端を覗いてみたいと思います。

散歩で使う「3つの手」

　歩いている最中に突然しゃがんで小石を拾い上げ、それを道端のわずかな隙間に入れる。自動販売機の取り出し口のカバーを押して覗いてみる。通常、手指操作（manipulation）の巧緻性は、乳幼児期に発達する運動スキルの一つとして挙げられますが、散歩場面の手指操作には巧緻性の萌芽とともに、子どもたちの素朴な発見と細やかな興味関心が明瞭にみられます。「操作する手」から周囲への好奇心がみえてきます。

　屋外で子どもたちは、段差や傾斜をつくっているさまざまな高さに出会います。時にそれらは、低年齢児にとって急な坂道で、スムーズな移動を妨げることになります。保育者は手を添え、また声をかけて、そばに設置された手すりを利用するよう子どもたちに促します。地面に両手をついて這うように上ったり下りたりする子どももいます。

　子どもたちは数週間、数か月をかけて、自分の歩くスピード、重心移動に合わせて手すりを持つ位置を変えながら、坂道を上り下りすることができるようになります。「支える手」は、自分の姿勢の安全範囲を探る手といえるでしょう。

　最後に紹介する三つ目の手は、言葉にするのが少々難しい手です。写真を見てください。歩いている最中に、ちょうどそばにあった工事現場の仮囲いに何となく手が触れています。歩道の植え込みなどに対しても類似の接触がみられます。触れてはいるものの、その何かに眼を向けておらず、「操作する手」とは異なる性質をもっているようです。

　この「何となくの手」の存在は、先に挙げた2種の手と同様、子どもの散歩場面で頻繁にみられ、多くの保育者や養育者はこの手の存在を知っていますが、それが何をしているのか、その機能はまだ科学的に明らかにされていません。

園外環境は、子どもたちの活動に適合するよう
デザインされたものばかりではないため、安全面
で配慮を要することが多くあります。しかし、そ
の一方で、この不適合性は子どもたちにたくさん
の探索性を促してくれます。

　生態心理学者のジェームズ・ギブソンは、姿勢
の揺れや移動によって行為者の周囲に生じる知覚
的流動には、自己と周囲を同時的に知る情報があ
ると述べました（Gibson, 1979）＊。目的地までの
片道10分は、道草の楽しみに満たされた時間であ
り、動き回ることでのみ触れることができるたく
さんの経験が詰まっています。

（お茶の水女子大学人間発達教育科学研究所

研究協力員　山崎 寛恵）

＊ Gibson, J.J. (1979). The ecological approach to visual perception. Hillsdale, Boston: Houghton Miffilin.　（Gibson, J.J. (1985)．生態学
　的視覚論：ヒトの知覚世界を探る（古崎 敬・古崎愛子・辻敬一郎・村瀬 旻，訳）．東京：サイエンス社.)

避難訓練

園の防災対策とともに、日頃の避難訓練の積み重ねを重視し、年間計画を立案して毎月避難訓練を行っています。

子どもたちが安定してきた時期から時間帯や場所を変え、どんな時でも安全に避難できるように訓練しています。職員は役割分担と連携に努め、子どもたちは自分で自分の身を守れるように、揺れを感じたらその場でダンゴ虫ポーズになり、防災頭巾を被り「お・か・し・も」*の約束で、非常階段から園庭に避難します。1階の0・1・2歳児はすぐ避難場所に移動できるよう、テラスに出ます。0歳児は保育者のおんぶによる避難になるので、安全で速やかにおんぶできるよう訓練しています。

0歳児。おんぶは二人組で背中を安定させて行います。全員をおんぶできたら、みんなで顔を合わせて確認します。

1歳児。防災頭巾をしっかり被ります。保育者はヘルメットと避難リュックを用意。安全を確認し、園庭に移動します。

情報を集めて発信！

緊急通報システム

初期対応が重要

事務所は園の安全基地

緊急時には情報の発信、受信を迅速に行うことが重要です。そのために、情報関連の機器を1か所に集めています。

扱い方について定期的に訓練し、いざというときに備えます。

消防署と連携した消火訓練

＊ お…押さない、か…駆けない、し…しゃべらない、も…もどらない

保健と衛生

・・・・・・・・・・・・・・・・・・・・・・・・・・・・・・・・・・・・・

- ●子どもの健康と安全を守り安心な園生活が送れる
  よう、年間計画に基づいた指導を行います。

  ・園児への健康安全指導
  ・適切な室内環境の提供
  ・保護者への情報提供（保健だより発行）
  ・サーベランス、感染症発生時の一斉メール発信と
  　園内掲示

外からの感染源を持ち込まないために…

玄関と室内に、手指用消毒薬の設置や流水による手洗い
指導を行っています。
外遊び後、食事やおやつ前の手洗いの習慣が身につくよ
う、手洗いの大切さを知り、自発的に手洗いできる環境
を整備しています。

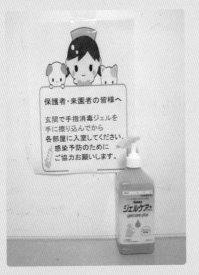

職員の健康を守るために

職員用のうがい薬と紙コップを洗面所に設置しました。職員の口腔内衛生と
感染予防が目的です。インフルエンザが流行する時期に設置し、ウイルスの
感染拡大の防止を目指します。職員が感染媒体とならないよう、感染予防が
目的です。マスクだけでは防ぎきれない細菌の身体への侵入を防止します。

虫歯を防ぐために
歯科医師と連携して「歯科衛生指導」

虫歯の原因になる食べ物について学んだり、就寝前の歯
みがき習慣の大切さや、乳歯から永久歯への移行期にお
ける歯みがきの話を聞いて、実際にやってみました。

パネルシアターを観て虫歯のできやすい環境について学
びます（3〜5歳児クラス）

臼歯の歯ブラシのあて方・磨き方を実践します（5歳児ク
ラス）

（文京区立お茶の水女子大学こども園施設長　私市和子、看護師　堀川昌子）

穏やかさと楽しさがある保育室

0歳児の
スペース
子どもたちがゆっくり育つ場所です。自宅の居間にいるような気分で過ごせるように、派手な装飾はせず、色合いをそろえたり季節の物を取り入れたりします。

必要に応じて、布がふんわり動くように微風を送ります。

色タイルを貼ることで、壁にリズムが生まれます。色合いは、季節によって変えるとステキです。

薄い布を吊るします。風を受けてゆれるのが楽しいです。

鏡に映った自分を発見！このほか、床に置く鏡もあります。

別の場所にも鏡が。

じゅうたんが敷いてあります。汚れたらそのパーツのみを取り替えることができて清潔です。

布の色を変える

季節の変化に伴って、部屋の環境を変化させることにしました！こんなふうに…

天井から吊るす薄い布の色。左が夏色。右が秋色。風を受けてやさしく揺れます。モビールもそのイメージのものに。

タイルの色を変える

色によって部屋の雰囲気が大きく変わります！ワンポイントのアクセントにもなります。

夏のイメージ

冬のイメージ

室内にはおもちゃや調度品、掲示、装飾があり、その部屋の雰囲気を形づくっています。小さな子どもたちが多くの時間を過ごす場所です。全体を見渡す視点で眺めてみましょう。

1歳児のスペース いろいろな遊びを想定して場を用意しています。室内を活発に動きまわったり、いろいろな場所に座りこんで遊ぶ姿が予想できます。

手を伸ばして遊びたくなる多様の玩具を、棚に整理して置いてあります。

床に鏡のようなシートを貼っています。その場にしゃがんでのぞき込む動きが引き出されます。

どちら側からでも遊べる位置です。場を2つに区切ることで、空間に変化をつけています。子ども同士が出会うきっかけにもなります。

手づくりの椅子。子どもたちはこの椅子を押して遊ぶのが大好きです。動きを伴う遊びが出てくると、空間に楽しさが加わります。大事にしたい遊びです。

床を見たら、こんなものが！

子どもたちが作ったものを飾る時に、こんな工夫をしたら…

作っている時の子どもの写真を、作品と一緒に展示しました。保護者から大好評です。

丸い形がある！ピョンピョンと進みたくなる！

（宮里暁美）

おわりに

　たくさんの方のご協力を得て『思いをつなぐ　保育の環境構成』という素敵な本ができました。さまざまな環境の紹介、豊かな実践園の記録、コラムや評価、Ｑ＆Ａなど、すぐに参考になる内容を盛り込んでいます。どうぞゆっくりお読みください。

　本園では、2016年4月の開園以来、笑顔輝く保育を求めて歩んできました。子どもたちの姿に目をこらし、子どもたちの声に耳をすまし、子どもたちの発想に驚く日々は、保育者である喜びを実感する時でもありました。私たちは、子どもたちの様子を言葉や画像で記録し、それをもとに語り合う時間を大事にしてきました。一枚の写真について語り合うことで、その子の思いが見えてくる、という体験は、子どもたちのことをもっとよく見ていこうという思いにつながっていきます。第2章、第3章は、そのようにして蓄積された保育記録をもとに作られています。ここに子どもがいます。ここに保育者がいます。いくら見ていても見飽きないくらい面白い保育の世界だと思います。

　無藤隆先生からいただいた「子どもが心穏やかに、物・人・事に初めて出会い、驚き、感動し、やってみて、自信を得ていく姿を実現する保育があります。」という言葉を胸に刻み、実践を重ねていきたいと思います。

　最後になりましたが、素敵な写真をとってくださった島田聡さん、温かな気持ちになるイラストを描いてくださったみやいくみさん、そして、環境の本を３冊セットで作りたいというプランを受け止め、励まし確実に実現してくださった中央法規出版第１編集部の平林敦史さんに心から感謝いたします。

宮里暁美

著者紹介

編著者

宮里暁美（みやさと・あけみ）

文京区立お茶の水女子大学こども園園長、お茶の水女子大学人間発達教育科学研究所教授。国公立幼稚園教諭、お茶の水女子大学附属幼稚園副園長、十文字学園女子大学幼児教育学科教授を経て、2016年4月より現職。専門は保育学。著書に『保育がグングンおもしろくなる 記録・要録 書き方ガイド』（編著、メイト、2018年）、『0－5歳児 子どもの「やりたい！」が発揮される保育環境―主体的・対話的で深い学びへと誘う』（監修、学研プラス、2018年）、『保育士等キャリアアップ研修テキスト別巻 保育実践』（編集、中央法規出版、2019年）などがある。

執筆者

宮里暁美…第1章・コラム③
文京区立お茶の水女子大学こども園（樋口陽子・伊藤ほのか・石塚美穂子・星野愛）
…第2章・第3章

（右上から時計回りに、宮里暁美、星野愛、樋口陽子、伊藤ほのか、堀川昌子、私市和子、石塚美穂子）

稲村陽子（ラフ・クルー烏山保育園）…第4章①
川辺尚子（保育のデザイン研究所）…第4章①コメント・第5章
大塚雅一・高橋ゆかり（株式会社キッズコーポレーション）…第4章②
内田伸子（IPU・環太平洋大学教授、お茶の水女子大学名誉教授）…第4章②コメント
新井真由美（クオリスキッズ駒込保育園）…第4章③
私市和子（文京区立お茶の水女子大学こども園施設長）…第4章③コメント
内海緒香（お茶の水女子大学人間発達教育科学研究所特任講師）…第6章
山崎寛恵（お茶の水女子大学人間発達教育科学研究所研究協力員）…コラム①
堀川昌子（文京区立お茶の水女子大学こども園看護師）…コラム②

触れて感じて人とかかわる

思いをつなぐ　保育の環境構成　0・1歳児クラス編

2020年3月1日　発行
2022年3月20日　初版第4刷発行

編著者　　宮里暁美
著　者　　文京区立お茶の水女子大学こども園
発行者　　荘村明彦
発行所　　中央法規出版株式会社
　　　　　〒110-0016　東京都台東区台東3-29-1　中央法規ビル
　　　　　Tel 03(6387)3196
　　　　　https://www.chuohoki.co.jp/

印刷・製本　　　　　図書印刷株式会社
装丁　　　　　　　　澤田かおり（トシキ・ファーブル）
本文デザイン・DTP　澤田かおり　南口俊樹（トシキ・ファーブル）
撮影　　　　　　　　島田 聡
写真提供　　　　　　文京区立お茶の水女子大学こども園
イラスト　　　　　　みやい　くみ

定価はカバーに表示してあります。
ISBN978-4-8058-8103-3

本書に関する質問については、下記URLから「お問い合わせフォーム」にご入力いただきますようお願いいたします。
https://www.chuohoki.co.jp/contact/